TABLEAU

DES

ARTS ET MÉTIERS,

ET

DES BEAUX-ARTS.

PARIS. — IMPRIMERIE DE FAIN, RUE RACINE, N°. 4,
PLACE DE L'ODÉON.

TABLEAU

DES

ARTS ET MÉTIERS

ET

DES BEAUX-ARTS,

RÉSENTÉ POUR SERVIR A PROPAGER L'INSTITUTION DES COURS DE GÉOMÉTRIE ET DE MÉCHANIQUE APPLIQUÉES AUX ARTS, DANS LES ILLES DE LA FRANCE;

PAR LE BARON CHARLES DUPIN,

Memb de l'Institut, professeur du cours normal de géométrie et de mécanique appliquées, fait au Conservatoire royal de Paris, officier supérieur au corps du génie maritime, officier de la Légion-d'Honneur, chevalier de Saint-Louis.

PARIS.

BACHELIER (SUCCESSEUR DE Mᵉ. Vᵉ. COURCIER),

LIBRAIRE POUR LES MATHÉMATIQUES,

QUAI DES AUGUSTINS, Nᵒ. 55.

1826.

DÉDICACE

A MESSIEURS LES MAIRES

ET

Les membres des conseils municipaux, les juges des tribunaux de commerce, les membres des conseils et des chambres de commerce, les membres des chambres consultatives des arts et manufactures, les membres des conseils de prud'hommes, les négociants et les principaux manufacturiers de la France.

MESSIEURS,

Permettez-moi de faire paraître, sous vos auspices, un petit ouvrage que je consacre à l'utilité des villes industrieuses dont vous êtes l'ornement.

Je présenterai bientôt l'énumération des villes dont la prospérité se fonde sur quelque branche particulière d'industrie; j'indiquerai par ce moyen, celles où je pense que le nouvel enseignement commenced'enrichir ce musée, on saura tirer parti d'un juste et louable amour-propre. En inscrivant les noms des auteurs de chaque modèle, sur ce modèle même, il servira, pour toutes les personnes qui visiteront le musée, comme d'un échantillon propre à montrer le degré de talent qu'ont atteint les artistes, et propre à donner la vogue aux producteurs qui la mériteront.

La France peut compter avec orgueil plus de quatre cents villes notables pour quelques branches d'industrie exercées dans leur sein.

Je suis bien loin de croire que les villes dont il est difficile de citer quelque industrie spéciale et florissante, n'aient pas de services éminents et prochains à demander au nouvel enseignement.

Au contraire, s'il m'était donné de choisir, *je commencerais, sans retard l'institution de cet enseignement, par les villes* LES MOINS AVANCÉES *en industrie :* parce qu'elles ont plus besoin d'étudier les moyens de se mettre sur la même ligne que les villes les plus avancées.

Mais les villes les moins industrieuses, sont aussi les moins opulentes et les moins éclairées. C'est dans leurs murs que les préjugés dominent par une tradition héréditaire, et comme au sein d'un séjour de prédilection : tels ces vieux châtelains qui dominaient et résidaient, de préférence, dans l'enceinte des châteaux forts les plus gothiques.

Ce n'est donc point par la crainte du peu d'utilité qu'aurait l'application de la géométrie et de la méchanique, dans les villes où cette application semble totalement ignorée, mais par la conviction des résistances actives, ou tout au moins de la résistance inerte qu'on trouverait dans ces lieux, à répandre un tel bienfait, qu'il me semble plus sage d'ajourner les efforts qui devront faire pénétrer d'utiles lumières dans ces derniers refuges de l'ignorance et des obscurs préjugés.

Au sein des villes industrieuses, si le professeur du collége ne peut pas ou ne veut pas se charger du nouveau cours, on trouvera peut-être quelque ancien élève de l'École Polytechnique, qui s'en char-

feront un plaisir et je dirais presque un devoir d'offrir à leurs concitoyens le tribut de leur savoir et de leur expérience.

Dans les moindres cités, l'hôtel-de-ville, ou le collége, ou le tribunal de commerce, ou les chambres consultatives du commerce et des manufactures, offriront, en général, une salle assez spacieuse pour le nombre des personnes qui voudront suivre le nouvel enseignement. Si l'expérience prouvait que tous ces locaux sont trop petits, ce serait une démonstration bien convaincante de l'utilité des leçons professées. C'est alors que le bon esprit des magistrats et des principaux habitants, ayant acquis une telle démonstration, sentirait l'importance et l'obligation de faire la dépense nécessaire pour procurer un local convenable à des leçons si fréquentées.

Lorsque le premier établissement des professeurs et du local sera fait, on s'occupera des moyens de former par degrés des collections de modèles et de machines. Ces collections pourront être riches et vastes, dans les grandes cités manufacturières. Elles devront naturellement être moins étendues, et moins coûteuses, dans les villes d'un ordre inférieur. Dans ces villes, on pourra former les collections, d'une manière économique, en engageant l'ouvrier, l'artiste, qui suivra les cours, à donner seulement un modèle des produits ou des machines de son industrie spéciale. Chaque tailleur de pierre pourra faire cadeau d'une petite voûte, d'un petit escalier, d'une petite porte, ou d'une petite fenêtre, taillées au trait. De même, chaque ouvrier en charpente pourra faire cadeau d'une pièce de charpente taillée en petit, comme modèle. Chaque menuisier pourra donner un prisme, un cube, une pyramide, un assemblage; chaque tourneur pourra donner un cylindre, un cône, une sphère, etc.

Le charron, le tonnelier, le machiniste, l'horloger, etc., feront aussi leur modeste présent; et la collection se complètera peu à peu, par les tributs des élèves. Ce sera, pour chaque ville, le commencement d'un Musée d'industrie. Afin

rait avec le plus de chances d'un succès immédiat.

En vous offrant aujourd'hui le tableau des principaux arts auxquels la géométrie doit fournir des secours, j'ai pour but de rendre chacun de vous juge, quant au pays qu'il habite, du nombre et de l'utilité des professions qui réclament de cette science, des servicess essentiels et de nouveaux éléments de prospérité.

Il n'est aucune ville qui bientôt, je l'espère, ne désire voir établi dans son sein, le nouvel enseignement, si simple, si facile et si fécond en résultats heureux pour toutes les branches de notre industrie.

Mais beaucoup de villes s'effraieront, peut-être, de la dépense qu'elles croient nécessaire pour une telle institution; beaucoup, je le crains, s'imagineront n'avoir pas assez d'opulence pour profiter de l'encouragement qui leur est offert par le ministre de l'intérieur; et de l'assurance qui leur est donnée, en même temps, que Son Excellence approuvera l'application des sommes qu'elles voteront, à cet égard, sur les budjets municipaux.

Le premier point qu'il faille atteindre est de montrer à combien peu de frais il est possible d'établir le nouvel enseignement, dans les villes les plus dénuées de ressources municipales.

Toute ville où se trouve un collége, un simple pensionnat, peut inviter le professeur de mathématiques à donner des leçons, moyennant un supplément d'honoraires; supplément qui, semblable aux émoluments accordés par le collége ou le pensionnat, sera d'autant plus modique que la ville se trouvera moins riche et moins peuplée.

Dans les lieux où le conseil municipal sera dénué de moyens pour faire en totalité cette première et faible dépense, une souscription, formée par les magistrats et les principaux habitants, couvrira facilement le déficit.

Quel que soit le montant de la souscription et la rétribution que la ville puisse allouer, je suis persuadé qu'on trouvera partout des professeurs généreux qui se

gera volontiers, ne fût-ce que pour une première année, et dans le dessein de fonder cet enseignement.

Une institution qui durant trop peu d'années a répandu ses précieuses lumières, la nouvelle école Normale, malgré sa courte durée, a peuplé nos provinces de jeunes et savants professeurs, pleins de talent et de zèle. Déjà deux d'entr'eux ont offert leurs services gratuits pour l'enseignement de la géométrie et de la méchanique appliquées aux arts, dans les villes de Rennes (1) et de Douai (2). Les brillants succès obtenus par le professeur de Douai, sont un garant des succès que va bientôt obtenir le professeur de Rennes; et présenteront un exemple qui sera sans doute imité dans beaucoup d'autres villes.

Nous nous empresserons de signaler à la reconnaissance nationale, les services rendus soit par les anciens élèves de l'école

---

(1) M. Legrand, professeur de mathématiques, à l'académie de Rennes.

(2) M. Chenou, professeur de mathématiques, à l'académie de Douai.

Polytechnique, soit par les anciens élèves de l'école Normale; la plus généreuse émulation sera le fruit d'un semblable rapprochement.

Au défaut d'anciens élèves de l'École Polytechnique, et de l'école Normale, si l'on trouve quelque sujet intelligent, formé par les écoles de Châlons ou d'Angers, avec un peu de travail, il pourra facilement répéter les leçons normales données au Conservatoire royal des arts et métiers, à Paris, et publiées par cahiers, pour la facilité des étudiants.

Quant aux villes opulentes, elles sentiront la nécessité de doter convenablement un professeur spécial; elles demanderont au cours normal de Paris, un sujet distingué, auquel on ait donné une méthode d'enseigner, qui ne peut jamais être parfaitement transmise par des ouvrages imprimés.

Le professeur obtenu, le local trouvé, il ne reste plus que le chauffage et l'éclairage, pour les leçons faites le soir, à l'heure où cessent les travaux des ateliers.

Beaucoup de chefs d'ateliers et de manufactures, sans se charger seuls d'une dépense au-dessus de leurs moyens, voudront du moins contribuer à rendre les mêmes services par quelques encouragements, par quelques secours, par quelques conseils, et par l'appui de tout leur crédit, de toute leur considération.

Je m'adresse à nos grands manufacturiers, aux hommes qui sont l'honneur de l'industrie française. La patrie attend surtout un exemple généreux des fabricants qui ont reçu des médailles de bronze, ou d'argent, ou d'or, aux expositions des produits de l'industrie. Qu'ils sachent que le monarque et la France ne leur ont pas donné seulement ces marques d'honneur comme le futile salaire d'une stérile vanité; mais, à la fois, comme un signe de récompense pour des services rendus, et comme un signe d'espérance pour des services à rendre en faveur de tous les Français qui cultivent l'industrie.

J'ose espérer que cet appel ne sera point fait sans fruit à des hommes tels que les

Beaunier, les Boigues, les Chagot, les Chatoney, les Coulaux, les Dautremont, les Debladis, les Depouilly, les Dixon, les Dufaud, les Garrigou, les Girod de l'Ain, les Grandin, les Haussmann, les Hartmann, les Heilmann, les Hindenlang, les Japy, les Kœchlin, les Montgolfier, les Nast, les Périer, les Poupart, les Neuflize (1), les Rixler, les Roswag, les Seguin, les Ternaux, les Utschneider, et tant d'autres que je ne puis citer, sans étendre cette énumération au delà de toute mesure.

Que ces industriels célèbres secondent dignement l'instruction de la classe ouvrière. Alors, ils auront mérité des médailles plus précieuses, plus honorables encore que celles dont leur talent a fait la conquête; et la France reconnaissante s'empressera de proclamer, une autre fois, leurs noms, avec une juste fierté.

Magistrats des communes, et Vous, représentants des intérêts et des droits du

---

(1) On vient de voir qu'un des MM. Poupart, le baron de Neuflize, a répondu généreusement à notre appel.

cours des écoles dominicales, par leur présence respectée. Ils donneraient à l'enseignement un nouveau degré d'importance, aux yeux des simples artisans, qui verraient avec fierté, avec reconnaissance, que leurs maîtres et leurs chefs prennent intérêt à l'amélioration des facultés les plus précieuses de l'ouvrier laborieux.

Eh ! pourquoi dans nos campagnes, le riche habitant ne fonderait-il pas, pour la petite ville près de laquelle il réside, et surtout pour la contrée qui lui donna le jour, une école dominicale, en faveur des ouvriers? Cette dotation perpétuerait, dans le cœur des artisans, l'amour et le respect pour l'opulente famille; et ce respect, cet amour, sont aussi des revenus précieux, qu'on est trop heureux d'acquérir au prix d'un capital modique.

Au voisinage des grands ateliers et des grandes manufactures, l'enseignement industriel trouvera, nous osons en concevoir l'espérance, un puissant et généreux appui, dans l'expérience, le crédit et la richesse de nos principaux fabricants.

Beaucoup d'entr'eux se feront une gloire d'imiter le noble exemple donné par M. le duc de la Rochefoucauld qui, seul, fait les frais de l'enseignement industriel, pour ses ateliers et pour la commune de Liancourt.

A l'instant où je vais faire mettre sous presse cette feuille de mon ouvrage, j'apprends une belle action d'un célèbre fabricant, et je m'empresse de la signaler à la reconnaissance de tous les amis du bien public. M. le baron Poupart de Neuflize vient d'offrir de faire professer à ses frais, pour la ville de Sedan, le nouveau cours de géométrie et de méchanique appliquées aux arts, par un des plus habiles conducteurs de ses superbes manufactures

Ne doutons pas qu'il ne se trouve, sur beaucoup d'autres points du sol français, des citoyens généreux qui s'empresseront d'imiter les deux exemples que nous venons de citer. Nous publierons avec empressement la liste et les présents de ces bienfaiteurs de l'industrie française.

Dans les petites villes où l'autorité municipale ne pourrait ou ne voudrait *rien* donner pour ces deux objets, si peu considérables, je proposerais un moyen que j'ai vu pratiquer à l'école de lecture et d'écriture, dans le pays où je suis né. Chaque élève fournirait une bûche par semaine et une chandelle par mois.

Qu'on ne méprise point de semblables détails, bien mesquins en apparence. S'ils contribuent à l'établissement de l'institution nouvelle, dans un grand nombre de nos petites villes et de nos bourgs principaux, ils leur ouvriront des voies inattendues de prospérité: les résultats les plus brillants auront été le fruit des plus humbles ressources.

Il existe, en France, un grand nombre de villes qui, dans leur sein, comptent peu d'établissements d'industrie; mais qui sont entourées d'une foule d'usines et de manufactures. Il serait très-difficile aux ouvriers qui se trouvent dispersés dans ces fabriques, de se réunir le soir au point central, durant les jours de la semaine, après la fermeture de leurs ateliers respectifs.

Mais, le dimanche, au sortir de l'église, ces ouvriers pourraient être réunis dans un local convenable, et profiter d'un enseignement pareil à celui qu'on fait, le même jour, aux artisans de Paris et de Lyon.

On inviterait les curés dans les pays catholiques, et les ministres dans les pays protestants, à prendre sous leur pieuse protection ces écoles dominicales, à les recommander dans leurs prônes, à les honorer quelquefois de leur présence, à les bénir par leurs prières.

Soyons sûrs des effets salutaires que produirait sur la classe ouvrière cette nouvelle partie des jours de fête, enlevée au désœuvrement, à l'intempérance, aux disputes, aux batailles, et à tous les excès qui, trop souvent, sont le plaisir unique d'une population qu'on voit grossière et crapuleuse, aussi long-temps qu'elle reste dans l'abrutissement de l'ignorance.

Je voudrais que les magistrats, les principaux habitants, les chefs des manufactures et des ateliers honorassent souvent les

commerce et de l'industrie, et Vous, hommes versés dans les sciences, et Vous, riches propriétaires, et Vous tous bons et généreux citoyens, je viens de vous offrir une tâche facile à remplir, et qui sera, pour l'amélioration de la classe ouvrière, pour la prospérité des familles laborieuses, un bienfait dont les fruits deviendront utiles aux bienfaiteurs non moins qu'aux obligés. Sans doute, je n'ai pas à promettre les secours pécuniaires d'une autorité puissante. Mais, qu'est-il besoin des largesses du trésor de l'état? Quand il s'agit d'une action belle et généreuse, utile à la patrie, favorable aux petits, honorable aux grands il est un trésor public qui ne tarit jamais : c'est le cœur des Français.

Voyons ce qu'il va produire sur tous les points de notre territoire!

TABLEAU

DES

ARTS ET MÉTIERS

ET

DES BEAUX-ARTS

CONSIDÉRÉS DANS LES SECOURS QU'ILS PEUVENT TIRER DE LA GÉOMÉTRIE.

On a présenté l'extrait de ce tableau, dans la séance d'ouverture du Cours de géométrie et de méchanique appliquées aux arts, institué pour la classe ouvrière : séance tenue le dimanche 4 décembre 1825, au Conservatoire royal des arts et métiers.

LORSQUE les personnes adonnées aux *arts méchaniques*, entendent dire qu'elles peuvent, avec un grand avantage, étudier la science qui porte le nom même de *méchanique*, cette communauté de noms les frappe, et porte la conviction dans leur esprit.

La géométrie n'ayant pas, comme la méchanique, tiré son nom d'une classe nombreuse d'arts utiles, la plupart des hommes qui cultivent ces arts ont peine à concevoir que la géométrie puisse leur rendre quelque service. Ils consentiront volontiers à faire des efforts d'attention pour apprendre les principes de la méchanique; ils n'entreprendront qu'avec peine, et presque avec répugnance, l'étude préliminaire et fondamentale de la géométrie; étude qu'ils regardent comme une espèce de luxe, relativement à leurs professions respectives.

Il est de la plus haute importance de dissiper un pareil préjugé, et je vais consacrer à ce soin la séance d'ouverture d'un cours où je réunis, dans un même corps de doctrine, la géométrie et la méchanique appliquées aux arts, comme deux sciences inséparables dans les secours qu'elles prètent à l'industrie.

Au lieu de me perdre en considérations générales, plus ou moins vagues et peu faites pour frapper les esprits qui s'adonnent à d'utiles travaux, il me semble plus facile et plus convaincant, à la fois, de passer en revue un grand nombre d'arts, et d'indiquer, en peu de mots, l'étendue, le genre des services qu'ils peuvent retirer de la géométrie. Bannissant tout artifice, je présenterai ces arts dans le simple ordre alphabétique de leur dénomination.

Avant de vous offrir les traits principaux de cette revue générale, je dois vous communiquer une observation qui me paraît essentielle. On ne croit susceptibles de recevoir les applications de la géométrie, que les arts où l'on fait un fréquent usage de la règle, de l'équerre et du compas : instruments qu'on regarde comme inséparables de la science de l'étendue. Mais, borner la géométrie aux formes élémentaires qu'on trace avec ces trois instruments, ce serait infiniment restreindre le domaine de la science dont nous voulons énumérer les avantages; ce serait en exclure une grande partie des beaux-arts, des arts libéraux et même des arts méchaniques.

La géométrie embrasse tous les moyens d'étudier, de mesurer, de comparer et de produire des étendues, des superficies, des volumes et des capacités. Or, il n'existe aucun produit d'industrie qui n'ait une étendue, une surface, un volume, et, s'il est creux, une capacité. Ainsi, tous les travaux humains ont des relations nécessaires avec la géométrie.

Pour nous élever à la conception la plus générale de cette science, nous dirons : Toutes les mesures de dimensions, tous les moyens employés pour produire des formes demandées, tous les rapports de symétrie, tous ceux d'analogie et de variété, dans les positions, les contours et les courbures, appartiennent à la géométrie.

Une partie considérable de mon cours aura pour objet de vous expliquer ces mesures, ces rapports, et les applications qui en résultent dans les diverses branches de l'industrie.

Passons à l'énumération que nous avons promis de faire.

Au premier rang, dans l'ordre alphabétique et dans l'ordre de l'importance, il faut placer l'*agriculture*, parmi les arts auxquels la géométrie rend les services les plus signalés. L'économie du terrain, par la régularité des semis et des plantations, en quarré, en quinconce, en allée, en plate-bande, etc., est un résultat de la science de l'étendue. Le labour et le hersage suivent des directions parallèles; les charrues, les herses, les semoirs et tous les instruments d'agriculture, ont des formes appropriées à leur destination; la géométrie enseigne les moyens d'exécuter ces instruments avec la précision nécessaire. Depuis quelques années, on a fait en ce genre des progrès remarquables, et pourtant nous entrons à peine dans cette immense carrière d'améliorations. En demandant à la géométrie des formes d'instruments aratoires, parfaitement appropriées aux travaux agricoles, on peut produire une telle économie de main-d'œuvre, que dix millions de laboureurs suffisent aux travaux de notre sol, qui en exige vingt millions aujourd'hui. Ces dix millions, dont la géométrie économisera le travail agricole, seront disponibles pour l'industrie; ils doubleront le nombre des personnes consacrées maintenant aux ateliers et aux manufactures. Nos cités, nos villes, nos bourgs, verront leur population s'accroître rapidement; ils deviendront des foyers plus actifs de savoir, de travail, de richesse et de bonheur. Mais ce n'est pas ici le lieu d'anticiper sur ces vastes conséquences d'une première application de la géométrie. Passons à de plus modestes services.

L'*ajusteur* est un ouvrier en métaux, dont l'occupation spéciale est d'assembler les diverses parties des instruments et des machines. Il ne saurait atteindre à quelque degré de perfection, s'il ne donne aux pièces qu'il doit faire joindre, des formes telles que ces pièces s'adaptent avec une grande exactitude, dans toute l'étendue de leurs faces de joint. Ces faces n'ont pas des formes arbitraires; et ces formes ne peuvent être définies que par la géométrie : les moyens mêmes de les produire, avec des outils ou des machines, sont soumis aux règles de la science de l'étendue. L'ajusteur doit donc avoir une connaissance des principes relatifs à la ligne droite, au cercle, aux parallèles, aux perpendiculaires, aux angles, à la superposition, à l'emboîtement des figures planes, cylindriques, coniques, sphériques, de révolution, spirales, etc. S'il n'a pas étudié ces premières notions dans les écoles, il les a reques, plus ou moins imparfaitement, dans un long apprentissage : et des leçons n'appartiennent pas moins à la géométrie, pour avoir été données dans un atelier, et par un artiste, au lieu d'être données par un professeur, et dans une école.

Mais, avant d'acquérir une connaissance précise des formes dont je viens de parler, avant d'apprendre les moyens essentiels de les dessiner, de les confectionner, de les assembler, l'ajusteur perd un temps considérable. Il s'épuise en efforts d'attention pour comprendre, quand il le peut, des explications irrégulières, incomplètes, faites sans principes, sans ordre, et trop souvent comme à regret, par le maître à l'apprentif; tandis que les mêmes notions seraient communiquées avec facilité, avec rapidité, aux personnes qui cultivent l'industrie, par un professeur spécial de géométrie appliquée aux arts. Ces observations que je présente, au sujet de la profession d'ajusteur, je pourrais les présenter avec autant de raison, relativement à toutes les autres professions que vous exercez.

Ainsi, chose qui peut-être vous surprendra, ce n'est pas pour fatiguer votre esprit par des conceptions plus difficiles, ce n'est pas pour fatiguer votre intelligence par des explications plus abstraites, par des procédés plus compliqués, qu'on appelle je crois, à cause de cette complication, des procédés *savants*, et que j'appelle, au contraire, des procédés *anti-savants*; ce n'est pas pour ce vain désir, que nous voulons vous amener à l'étude de la géométrie. C'est, au contraire, pour vous rendre aisément intelligibles, des méthodes qu'auparavant vous ne conceviez qu'avec une peine infinie, et que souvent même vous ne parveniez jamais à concevoir. Par conséquent, aussi, loin de nous présenter aux hommes de l'industrie, comme voulant ajouter les fatigues de l'intelligence, aux fatigues du corps, qui déjà les accablent, nous voulons à la fois diminuer les fatigues de leur esprit, par des méthodes où le raisonnement devienne un moyen de facilité, et les fatigues de leur corps par des outils, des instruments, des machines, dont les formes soient combinées pour tirer le meilleur parti possible des forces de l'homme et de la nature. Après avoir énuméré les arts auxquels la géométrie peut être utile, je reviendrai sur ces considérations.

L'*anatomiste* tire, souvent sans le savoir, un utile parti de la géométrie; et, quoiqu'un bien petit nombre de disciples d'Esculape croient convenable d'étudier la science de l'étendue, il n'est pas moins vrai qu'elle pourrait leur offrir des lumières importantes, soit en leur prêtant son langage précis, pour décrire correctement les formes qu'ils analysent et qu'ils mettent à nud, soit pour donner à leurs instruments la figure la plus convenable aux opérations que ces instruments doivent exécuter.

L'*anatomie comparée* étudie les différences et l'analogie qu'ont entr'elles les fonctions et la configuration des organes dans les différentes espèces d'animaux. Par conséquent, la science fondamentale qui fait connaître les formes élémentaires de la matière et les propriétés de ces formes, la géométrie, doit surtout être utile à l'anatomie comparée. Cette science et la méchanique aident à démontrer qu'il existe entre les formes des diverses parties d'un même animal, des relations intimes et nécessaires qui, toutes, sont la conséquence indispensable du mode même d'existence de l'être organisé. En appliquant cette conception supérieure, on a prouvé que, par la connaissance d'un petit nombre de parties élémentaires, telles que les dents, par exemple, si l'on analyse avec une précision géométrique les formes variées qu'elles présentent, chez les différents quadrupèdes, on peut déterminer la configuration générale du reste de l'ossature, pour chaque espèce d'animaux. Vous allez voir de quelle importance est un tel résultat, que j'appelle un résultat géométrique, puisqu'il est fondé sur la connaissance des rapports qui naissent de la figure des corps.

Depuis beaucoup de siècles, on avait découvert dans les entrailles de la terre, des ossements extraordinaires, qui, par l'aspect et les proportions, ne ressemblaient à ceux d'aucun des animaux qui vivent encore sur le globe. Un savant illustre a conçu la pensée de rapprocher, de comparer ces éléments divers. Il s'est demandé quel ensemble de mouvements pourrait être la conséquence géométrique de ces éléments d'ossature; puis, à quel système complet, à quel être organisé ces éléments pourraient appartenir. Par une telle étude, il a recomposé des animaux entiers, dont on avait trouvé les membres dispersés en des lieux séparés par de grandes distances.

Le temps même a pris soin de justifier cette belle conception, en faisant découvrir, après coup, des squelettes complets d'animaux qui n'existent plus sur le globe, et qui se sont trouvés exactement constitués comme le génie du naturaliste avait su les composer, géométriquement, avec des éléments dispersés d'abord, ainsi que je l'ai dit, en des lieux très-éloignés.

Ces espèces puissantes, qui surpassaient l'éléphant par la grandeur de leurs formes, la force de leur ossature, et leurs moyens de défense, elles n'ont pu résister aux vicissitudes qui, dans l'écoulement des siècles, ont marqué les révolutions de l'univers; leur vie s'est éteinte; et les bouleversements de notre globe n'ont pas seulement laissé gisants sur un même lit de mort et de pétrification, leurs vastes ossements. Qui pourra dire, après tant de siècles de destruction, ce qu'étaient ces espèces, leur vie, leurs mœurs, leurs habitudes herbivores ou carnivores? Qui, Messieurs? un être faible physiquement, un être qui vit peu d'années sur la terre; mais qui, mettant à profit, par le génie, la rapidité de ses jours, découvre les phénomènes des temps qui ne sont plus, en appliquant, aux débris existants encore, les lois éternelles d'une géométrie observatrice.

La géométrie peut rendre beaucoup d'autres services à l'étude de l'organisation de tous les êtres du règne animal et du règne végétal. Elle a de même fait connaître les lois que suivent les formes régulières du règne minéral, qui sont les formes des cristaux. Elle les a décomposées d'après la connaissance des angles et de la superposition des figures, en faisant voir que les variétés des cristaux d'une même substance, ne sont qu'une combinaison diverse d'une forme géométrique élémentaire, toujours la même pour la même matière cristallisée. Ajoutons que le *bijoutier* et le *joaillier* peuvent retirer d'utiles lumières sur cette décomposition, sur cette anatomie des cristaux.

L'*appareilleur* est un artiste dont la profession ressemble beaucoup à celle de l'ajusteur.

La principale différence, est que l'appareilleur emploie la pierre et le marbre, au lieu d'employer le fer et le cuivre; il les taille de manière à ce que les pièces se joignent avec exactitude et présentent extérieurement des formes déterminées par l'architecte. L'appareilleur apprend les principes de son art, d'abord par des tracés géométriques; ensuite, en taillant des modèles, d'après ces tracés; puis, en donnant, à toutes les parties de ces modèles, des dimensions proportionnelles aux véritables dimensions des pierres mêmes qu'il devra tailler. Il a besoin de méthodes exactes, nombreuses et souvent même difficiles, qu'il apprend le plus ordinairement à la longue et par routine; ce qui l'expose à produire des erreurs, dans une foule de cas qu'il ne peut prévoir à l'avance, lorsqu'il ne s'éclaire point par le secours de la géométrie. Aussi les maîtres qui donnent des leçons aux élèves appareilleurs, se font-ils un devoir de commencer par quelques notions relatives à cette science; notions, il faut le dire, généralement trop peu complètes, et souvent trop peu rigoureuses.

L'*architecte*, dont l'existence sociale est plus relevée que celle de l'ajusteur et de l'appareilleur; l'architecte qui reçoit, sous de nombreux rapports, une éducation plus développée, a besoin surtout d'étudier les principes de la géométrie. Néanmoins, comme l'ajusteur et l'appareilleur, il fait généralement, de cette science, une étude beaucoup trop superficielle. Lorsqu'il veut descendre à l'exécution ou seulement au tracé de formes un peu compliquées, de leurs sections, de leurs contours apparents et de leurs perspectives, il se trouve embarrassé dans une foule de cas, qui seraient faciles pour lui, s'il était plus familier avec les considérations et les méthodes de la géométrie.

Dans la suite du cours que nous allons professer, nous offrirons un très-grand nombre d'applications à l'architecture; et les personnes qui cultivent ce bel art, verront combien elles peuvent approfondir avec fruit leurs études dans la science de l'étendue.

Pour que l'*ardoisier* exerce son métier avec succès, il faut qu'il trouve le moyen de combiner des instruments d'une forme précise, dont l'action divise la substance d'où l'on tire l'ardoise, par une suite de plans parallèles, situés à égale distance, et coupe ensuite les feuilles obtenues ainsi, en polygones réguliers, d'une forme déterminée par l'architecte.

Si l'ardoisier voulait exécuter ses travaux en faisant usage d'instruments propres à recevoir l'action de grandes forces combinées, il y trouverait le sujet d'une importante application de la géométrie. Les Anglais se sont occupés avec succès de ce problème, et nous l'indiquons à nos artistes, pour qu'ils tournent vers ce côté leurs études et leurs travaux.

L'*armurerie* est au nombre des professions exercées dans nos villes par une industrie particulière, et, comme telle, distincte des arts de l'artillerie proprement dite. L'armurier a besoin de connaître un grand nombre de principes et de méthodes de la géométrie, pour donner aux armes qu'il fabrique, cette précision qui, seule, peut procurer la justesse du tir qu'exigent le chasseur et l'homme de guerre. Les instruments, les outils, que l'armurier emploie pour atteindre à ce degré de précision, doivent eux-mêmes être fabriqués avec des méthodes fondées sur une géométrie très-avancée.

L'*arpenteur* a besoin de connaître la mesure des lignes, des angles et des surfaces, pour lever les plans et faire les calculs nécessaires à la description, à la propriété des héritages. Les instruments qu'il emploie sont des instruments géométriques dont il ne pourrait estimer et vérifier l'exactitude, qu'avec des méthodes bien supérieures au peu d'éléments qu'il étudie. Aussi voyons-nous qu'en général, les arpenteurs, et quelquefois même les personnes qui se font appeler du titre pompeux d'ingénieurs du cadastre, n'ont pas assez d'instruction mathématique pour produire des résultats dont l'exactitude suffise aux besoins de l'autorité publique, ainsi qu'à l'intérêt des particuliers.

L'*arrimeur* est un artisan de nos ports, dont l'objet est de placer le plus fort chargement, à bord d'un navire, en l'encombrant le moins possible. Pour effectuer ce chargement, il faut obéir aux lois de la symétrie, de manière que la charge de tribord soit égale à la charge de bas-bord, de manière que le centre des moyennes distances de tout chargement, à tribord, soit précisément dans une position symétrique au centre des moyennes distances des objets placés à bas-bord. Il faut, enfin, pouvoir donner au capitaine, par un calcul plus ou moins approché, la position du centre général de pesanteur ou de gravité du chargement; ce qui demande des connaissances géométriques assez relevées.

Sans doute, il est des nations chez lesquelles les arrimeurs, les constructeurs et les marins se dispensent de semblables calculs. Mais, aussi, des accidents terribles sont la conséquence de leur ignorance et de leur incurie. Par exemple, dans la marine marchande des Ottomans, l'on voit souvent ces barbares charger des navires très-plats, avec des substances légères telles que de la paille ou du foin, qu'ils exhaussent considérablement par-dessus le bord du bâtiment. C'est ainsi qu'ils naviguent sur la mer Noire et le Bosphore. Lorsqu'il survient un vent latéral très-violent, les navires sont submergés et périssent avec leurs équipages.

L'espace, à bord d'un navire, est une chose si précieuse, que tous les objets nécessaires, soit à l'usage des marins, soit à la manœuvre du bâtiment, doivent être configurés de manière à ce que leur volume soit le moindre possible, et de manière à se caser avec la moindre perte de place. Des problèmes de ce genre ne peuvent être résolus que par des considérations géométriques; et la profession de l'arrimage ainsi que l'installation des navires offre, je le répète, une des applications les plus remarquables et, j'ose le dire, les plus utiles que la géométrie puisse faire.

Toutes les classes d'*artilleurs* ont besoin de connaissances géométriques, depuis le simple *canonnier* qu'on occupe à calibrer, à empiler des boulets, à pointer des pièces, à les mettre en batterie, à confectionner des épaulements et des plates-formes ; depuis l'*ouvrier* qu'on emploie aux constructions des parcs et des arsenaux, jusqu'à l'officier qu'on charge des opérations savantes relatives aux tracés, à la construction, à l'épreuve, à la manœuvre, à l'effet des bouches à feu de toute espèce. Les officiers d'artillerie reçoivent, dans l'école Polytechnique, le complément d'une étude géométrique, créée par les savants les plus illustres, et qui ne laisse rien à désirer. Les régiments d'artillerie ont des écoles spéciales pour leurs sous-officiers. Dans ces écoles, on étudie les éléments de géométrie; mais ces éléments semblent encore trop bornés. Il serait à désirer que les sous-officiers de ces corps reçussent des leçons de géométrie et de méchanique, semblables à celles qui sont exposées dans ce cours. On doit espérer que ce besoin scientifique sera bientôt satisfait, sous l'administration d'un ministre ancien élève de l'école Polytechnique; et sous la direction, sous l'inspection d'officiers-généraux qui joignent à la gloire de leurs actions militaires, la double supériorité des connaissances théoriques et pratiques.

Le *batteur d'or* a pour objet de transformer un lingot métallique en feuilles d'une épaisseur calculée. Cet art d'étendre les corps, pour les rapprocher de plus en plus des surfaces, telles que la géométrie les considère, peut être exercé avec des instruments perfectionnés, et par des mouvements dont la géométrie donnera les règles.

Le *bijoutier*, comme le *joaillier*, ayant pour but de donner à des objets, généralement très-petits, des formes régulières, a besoin de méthodes géométriques où le degré de précision soit poussé très-loin, s'il veut conduire à la perfection les pratiques de son art.

Dans les travaux ordinaires du bijoutier, on

n'emploie que des méthodes fort-élémentaires ; en général, on y confie plus de choses à la justesse du coup d'œil et à l'adresse de la main, qu'à la science du tracé, qu'à la précision des mouvements. Mais, si l'on voulait exécuter en grand, c'est-à-dire, à la fois sur beaucoup d'objets de même forme, les travaux du bijoutier, l'on pourrait appliquer, avec une économie considérable et une perfection jusqu'à présent inconnue, les méthodes rigoureuses que nous présente la géométrie. Les Anglais ont déjà fait quelques applications de ce genre, pour des travaux comparables à ceux du bijoutier, ainsi que j'ai pu m'en convaincre, lorsque j'ai visité la ville de Birmingham. C'est encore un genre d'industrie qu'il faut regarder comme à créer parmi nous.

Le *boisselier* n'exécute que des surfaces purement géométriques. Il confectionne des cylindres, des cônes, des surfaces développables, de révolution, etc. Dans son art, tout peut être produit par des mouvements réguliers, dont la géométrie fournisse les lois, par des mouvements susceptibles d'être opérés avec beaucoup plus d'exactitude et de perfection que ne le fait aujourd'hui l'artisan qui pratique ce métier.

Le *bonnetier* fabrique des tissus dont la forme doit s'adapter à celle de notre tête et de nos membres. Ces tissus offrent des rangs parallèles de mailles dont le nombre est fixé d'après des dimensions que la géométrie offre le moyen de déterminer avec exactitude. Les machines employées depuis le siècle dernier, pour fabriquer les objets de bonneterie, ont des mouvements d'une rigueur géométrique. L'étude de ces métiers, la connaissance détaillée de leur jeu, le moyen de les fabriquer, de les monter, de les démonter, de les réparer, reposent sur des notions variées de la science de l'étendue.

Le *bouchonnier* taille le liége suivant la forme d'un cylindre ou d'un tronc de cône, dont les dimensions sont déterminées. La confection des outils qui lui sont nécessaires est une application de la géométrie.

L'art du *calfat* est encore un art géométrique. Il a pour objet de régulariser les joints, plus ou moins grands, que présentent les pièces de charpente mises en contact, à la surface extérieure d'un navire, et de remplir les interstices de ces joints, avec des bandes parallèles de filaments végétaux qu'on enfonce avec régularité. Un autre objet du calfat est d'enduire, avec des couches également épaisses, de brai, de goudron, etc., la surface extérieure des navires. Il a besoin, par conséquent, de mesurer l'étendue des surfaces, pour savoir quelle quantité de matière il doit employer à ce travail, et quel prix il doit demander quand il l'exécute par entreprise.

Le *brasseur*, à commencer par ses cuves, ses tonneaux et ses entonnoirs, fait usage d'un grand nombre d'ustensiles que la géométrie apprend à fabriquer. Cette science lui fournit, depuis quelques années, beaucoup d'autres instruments, tels que les vis d'Archimède, qui introduisent une économie, une régularité nouvelles et fort-importantes, dans ses fabrications.

Nous qui dirigeons toutes nos vues vers l'utilité, nous arrêterons à peine vos pensées sur les arts frivoles, ou, comme on les appelle, les *jeux* du billard, du ballon, des boules, du bilboquet, de la toupie, des totons, etc. Cependant ces jeux, et surtout le premier, exigent des combinaisons géométriques ; ils ne peuvent être pratiqués avec succès, si notre coup d'œil et notre main n'ont acquis une grande habileté pour mesurer des angles : et ce perfectionnement géométrique serait bien précieux, s'il recevait une application moins futile. On trouve, dans tel joueur de billard, un talent d'observation, une justesse d'exécution, qui suffiraient pour produire, en beaucoup de professions, un artiste du premier ordre.

Le *blutage* est une opération qui s'effectue avec des instrumens définis, tracés, produits par la géométrie, depuis le tamis plan, jusqu'au blutoir cylindrique,, ou spiral. Le tracé, la confection, le jeu de ces tamis et de ces blutoirs reposent sur les principes de cette science.

Le *boucher* est l'anatomiste des bêtes à cornes. Il peut acquérir du savoir-faire et de la dextérité, par une comparaison raisonnée de la structure des animaux qu'il dépèce, avec la forme des outils qu'il emploie.

Pour ne pas dépasser les bornes du temps que je puis consacrer aux arts géométriques, je me contenterai d'énumérer ceux du *boutonnier*, du *boyaudier*, du *briquetier*, du *faiseur de boucles*, du *faiseur de brosses*, du *bandagiste*, etc. Il me serait facile de montrer que chacun de ces arts peut tirer, de la géométrie, des secours que sont loin de soupçonner la plupart des personnes qui les professent.

Arrêtons-nous à la *fabrication des cachemires*. Il a fallu des siècles aux habitants de l'Inde, avant d'arriver, dans le filage et le tissage de ces tissus précieux, au degré de perfection que peu d'années nous ont suffi pour égaler à quelques égards, pour surpasser à quelques autres. Nos progrès, si grands et si rapides, sont un résultat remarquable d'études raisonnées, que j'appellerai justement géométriques.

Nos ingénieux fabricants ont commencé par observer attentivement la forme, la structure du duvet de cachemire, son aptitude plus ou moins grande à se plier, à se redresser, à se tordre, à s'unir, à se disjoindre. En partant de ces résultats d'observation, ils ont imaginé des instruments et des métiers auxquels ils ont donné des formes régulières, des formes appropriées aux qualités de la matière première. Bientôt ils sont parvenus, avec des mouvements géométriques, à former des fils qui défient en finesse, en égalité, en force, tout ce que les doigts les plus délicats des fileuses de l'Orient peuvent exécuter de plus parfait. Des moyens que j'appelle aussi géométriques, ont assuré, dans l'ourdissage et le tissage, le parallélisme et l'égale distance des fils de la trame entr'eux et des fils de la chaîne entr'eux. Voilà comment nos grands manufacturiers sont parvenus à produire ces beaux fonds de châles qui, pour l'uniformité, pour la régularité, l'emportent de beaucoup sur les tissus de l'Asie.

A peine le filage et le tissage du duvet que fournissent les chèvres du Thibet eurent-ils été pratiqués en quelques-uns de nos ateliers, qu'on vit aussitôt, dans nos villes manufacturières, les industries rivales s'efforcer d'imiter la nouvelle industrie, en triomphant aussi de difficultés particulières, par des moyens spéciaux. Grâces à ce concours de recherches, d'inventions et d'efforts, on a trouvé le secret de fabriquer des châles variés, en laine mérinos, en soie et laine, en bourre de soie, façon de cachemire, etc.

Ajoutons ici que la magnifique industrie dont je viens d'indiquer la création raisonnée, appartient toute à la France. C'est un exemple de ce que pourra faire le génie de nos artistes, pour reculer les bornes des diverses carrières industrielles. La géométrie devra guider nos pas, dans cette marche progressive.

Les *apprêts* nécessaires à la fabrication des tissus nécessitent le concours de beaucoup d'arts dont les travaux sont réglés par la science de l'étendue.

Tel est l'art du *cardeur*. Un certain nombre de pointes, également longues, également aiguës, sont disposées en quinconce, et plantées parallèlement, tantôt sur des cardes planes, tantôt sur des cardes cylindriques, dont les mouvements parallèles rangent parallèlement les filaments de laine, de coton, de chanvre, que l'on prépare pour le filage. L'application toute récente des tracés et des formes géométriques aux travaux du cardeur, a produit des résultats de la plus haute importance, pour la confection des fils et pour la fabrication des tissus.

Le *carrossier* exerce un art très-compliqué. Il a besoin de confectionner un grand nombre de formes géométriques. Dans toutes les parties qui doivent se mouvoir les unes sur les autres, ces formes demandent une grande précision, pour que les mouvements s'exécutent avec peu de résistance. Dans les autres parties, la précision est un objet de luxe, de propreté et de solidité. Au fur et à mesure que les carrossiers sont devenus capables de tracer plus exactement et de mieux raisonner les formes des divers éléments de leurs voitures, ils sont parvenus à les construire, en leur donnant, à la fois, plus de légèreté, plus d'élégance, et cela, sans les rendre moins durables et moins solides. Les progrès qu'ils ont déjà faits dans cette étude nous montrent ce qu'il est raisonnable d'espérer encore, lorsqu'ils joindront, à leur talent naturel, des connaissances acquises, plus étendues et plus exactes, dans la science géométrique.

Le *chapelier* exécute des surfaces cylindriques, des surfaces coniques et généralement des surfaces de révolution, avec un tissu qu'il obtient par des opérations dont les mouvements peuvent être définis et régularisés d'après les lois de la géométrie; et l'on cite parmi les études géométriques les plus ingénieuses, un *Mémoire* sur le feutrage, composé par le créateur de la géométrie descriptive, l'illustre Monge.

L'art de fabriquer les chapeaux de paille est encore un art géométrique. L'enlacement des pailles qui composent chaque tresse, l'art de plier en spirale et d'unir avec régularité les tresses, pour en former des surfaces régulières, sont soumis aux méthodes de la géométrie; méthodes que les personnes qui se livrent à cette profession, pratiquent, la plupart du temps, d'une manière empirique; mais qui ne sont pas moins utiles, pour être pratiquées avec exactitude par des artisans qui ne sauraient pas les démontrer et s'en rendre compte. Il est une perfection des sens du toucher et de la vue, une finesse, une précision de coup d'œil, indispensables pour exécuter les beaux tissus pareils aux chapeaux de Florence. L'habitude de voir, de comparer et de tracer des formes géométriques, servira beaucoup les personnes délicates qui n'ont reçu que peu de force de la nature, et qui sont obligées de compenser par l'adresse un tel désavantage.

Du *charron*. Les observations que nous avons présentées relativement à l'art du carrossier, s'appliquent également à l'art du charron. L'objet de cet art est de fabriquer des surfaces d'une définition géométrique; les moyeux et les jantes sont des surfaces de révolution; leurs assemblages avec les rais ou les bandes de la voiture sont susceptibles d'être tracés régulièrement. Si les moyeux dont on fait usage ne sont pas assujettis aux règles de la science, les roues n'ont aucune exactitude et l'emploi qu'on en peut faire a de graves inconvénients. Aussi, l'un des perfectionnements les plus remarquables, dans les voitures modernes, est-il l'application des principes de l'ajustage à la confection des boîtes métalliques, dans les moyeux. Mais cette application se trouve encore bornée aux voitures de luxe, et devrait s'étendre à toutes les espèces de voitures, en faisant disparaître, des moyeux, ces fusées saillantes, si propres à produire des accidents.

Les chariots, les charrettes, les charrues, les voitures de toute espèce, employées aux charrois du commerce, aux travaux de l'agriculture, sont encore bien imparfaites, quant à la structure générale, et quant à la proportion, à la figure de chaque partie qui les compose. Cependant, depuis quelques années, leurs formes ont reçu des améliorations sensibles. La géométrie donnera les moyens de compléter ces améliorations.

Le *chasseur* a besoin d'exercer beaucoup ses sens à résoudre des problèmes de géométrie pratique, tels que ceux d'aligner son arme avec l'objet qu'il veut atteindre. Il doit diriger cette arme de manière à ce que la balle lancée atteigne au point de l'espace, où l'objet mobile qu'il veut frapper n'est pas encore arrivé lorsque le coup part, mais où cet objet arrivera dans l'instant où la balle même passera par ce point. Le chasseur a besoin de comparer des distances variées et de résoudre le problème de se rendre, par la voie la plus courte, vers un point que les animaux qu'il poursuit atteindront au bout d'un certain temps. La pratique seule fait parvenir, dans ce genre, à beaucoup d'exactitude; mais, d'un côté, la pratique éclairée par l'esprit d'observation, et par le raisonnement géométrique; de l'autre, l'habitude de rapporter les mesures de toute espèce à des unités bien établies, peuvent accélérer beaucoup le perfectionnement de nos sens : perfectionnement indispensable pour former un excellent chasseur, et un habile officier militaire.

Le *chaudronnier*, le *ferblantier*, le *boisselier* exécutent, avec les feuilles de métal ou de bois qu'ils emploient, des surfaces dont la géométrie peut leur fournir le tracé rigoureux, d'après des modèles ou patrons que la géométrie même apprend à tailler. Il existe un assez grand nombre de cas, dans la construction des appareils nécessaires aux arts chimiques et aux machines à vapeur, pour lesquels il serait utile que les chaudronniers eussent des méthodes moins incomplètes et moins imparfaites que leurs routines habituelles; la géométrie, comme vous le verrez dans ce cours, fournit ces diverses méthodes.

Le *charpentier* donne aux pièces de bois qu'il taille, des formes constamment géométriques. Les assemblages de ces pièces sont déterminés par des angles et des plans qu'il obtient avec des instruments et des méthodes pareillement géométriques. Aussi, les charpentiers sont-ils obligés de faire l'étude des premiers éléments de la géométrie, avant de s'exercer au tracé des pièces de charpente. Mais, la plupart du temps, les procédés qu'on leur enseigne leur sont donnés d'une manière empirique et sans démonstration ; ce qui rend ces procédés beaucoup plus difficiles, soit à retenir, soit à bien mettre en pratique. Ainsi, pour le charpentier, la géométrie, loin d'être une complication nouvelle dans les notions qu'il doit posséder, est, au contraire, un moyen de simplifier une étude indispensable pour exercer son art avec quelque perfection.

Si l'on ne possède pas des connaissances assez étendues en géométrie, il est impossible de bien exécuter certaines parties de la charpente : par exemple, les escaliers et les assemblages des différents toits qui se rencontrent sous des angles obliques. On trouvera dans la science, telle que nous l'enseignons dans notre cours, les principes des méthodes dont il faut alors se servir.

Le *chirurgien* peut tirer parti des connaissances géométriques, en suivant les traces de l'anatomiste. Il en a besoin pour apprécier les formes et le jeu des instruments qu'il emploie, et pour perfectionner ces instruments, pour en composer de nouveaux, pour apprendre à raisonner la forme des appareils qu'il imagine et qu'il consacre à ses diverses opérations : sans doute, trop peu de chirurgiens ont appliqué de profondes connaissances géométriques à de semblables études. Mais, en leur montrant cette carrière nouvelle, soyons sûrs qu'il se trouvera parmi eux des hommes qui voudront reculer, de ce côté, les bornes de leur art, et multiplier ainsi les services que la géométrie rend aux professions les plus chères à l'humanité.

Le *ciseleur* doit tailler les surfaces, de manière à produire des creux ou des reliefs dont les profondeurs et les contours soient déterminés avec une précision qui tienne aux méthodes de la géométrie. S'il faut exécuter des formes régulières, s'il faut donner à des courbes une continuité sans laquelle elles ne peuvent avoir de grâce et de perfection, les tracés du ciseleur, la forme de ses instruments, la manière même de tenir et de faire agir ces instruments, dépendent essentiellement de la géométrie.

Le *cloutier* donne à des substances métalliques telles que le fer, le cuivre, le zinc et leurs alliages, des formes coniques, pyramidales, sphériques, etc., déterminées avec plus ou moins de précision, suivant l'objet pour lequel sont destinés les produits de son industrie. Les applications de la géométrie au travail immédiat des clous, avec le marteau, méritent à peine d'être citées. Mais, si l'on veut fabriquer en grand les clous de diverses formes, il faut employer des instruments et des métiers dont les proportions soient rigoureusement fixées, et dont les mouvements soient exécutés d'après les lois de la géométrie.

Le *coiffeur* a pour objet de ranger notre chevelure suivant un ordre déterminé par les lois de la mode ou du goût. La taille même des cheveux, pour être faite avec intelligence, emploie parfois des méthodes qu'une géométrie exercée ne désavouerait pas. L'art du coiffeur empruntait beaucoup plus de méthodes à la géométrie, à l'époque où le goût fantasque des hommes et des femmes construisait, sur toutes les têtes humaines, des édifices d'une figure extraordinaire, mais pourtant assujettie à des règles de symétrie. Ainsi, l'on donnait la forme d'un tronc de cône à ces masses de cheveux rapprochées vers les tempes et divergentes en arrière, singulièrement appelées ailes de pigeon. Ainsi l'on donnait la forme d'une surface développable, à cette éminence poudrée, pointue sur le devant, évasée en arrière, et qui s'élevait sur notre front, sous le nom plus singulier encore, de *toupet à la grecque*. Gardons-nous de regretter la perte de cette application ridicule et bizarre des conceptions géométriques, à la coiffure des hommes et des femmes.

Certes, les Grecs, et même les Romains, ont mieux conçu l'art d'imiter les formes heureuses déployées par la nature, dans ces boucles que les beaux cheveux présentent quelquefois par leurs libres ondulations. Leurs artistes ont combiné, d'une manière ingénieuse, des tresses et des spirales, pour former ces coiffures, élégantes avec simplicité, qu'on admire sur les têtes de quelques statues, de quelques bustes soustraits aux destructions des temps barbares. Il appartient aux beaux-arts, d'étudier les secrets de la grâce et du bon goût, dans les formes géométriques de ces parures imaginées par l'antiquité.

Le *constructeur de vaisseaux* a besoin d'applications de la géométrie, bien plus nombreuses, plus étendues et plus profondes, que le charpentier d'édifices ordinaires. Il doit assujettir les formes dont il fait usage, à des lois que lui dicte la science du mouvement. Pour lui, la symétrie des configurations n'est pas simplement un objet de luxe et d'agrément; c'est une condition impérieuse sans laquelle il ne pourrait espérer de régularité ni de rapidité dans la marche des navires. La figure, le poids, la position de chaque pièce de bois ou de métal qu'il travaille et qu'il pose, ont une influence qu'il est obligé de calculer, sur les qualités futures de l'édifice qu'il bâtit. Le constructeur de navires, s'il veut opérer d'une manière régulière, et, surtout, s'il veut reculer les bornes de son art, s'il veut exécuter des bâtiments qui réunissent, à la fois, la solidité, la capacité et la vîtesse de la marche, doit donc faire une étude très-approfondie des principes et des méthodes de la géométrie.

Par une bizarrerie singulière et qu'on aura peine à comprendre, on exige, des ingénieurs qui construisent les navires de l'État, des connaissances plus profondes et plus étendues que celles des officiers mêmes qui doivent monter et commander ces bâtiments. On exige, des capitaines qui commandent les navires du commerce, une connaissance assez étendue de la géométrie, de la méchanique et de l'astronomie; tandis qu'on n'exige pas même, d'un constructeur de navires marchands, qu'il ait appris les quatre règles de l'arithmétique. S'il tient à la rigueur, à ne point charger son esprit de notions particulières, il peut se dispenser de savoir signer son nom. L'État ne lui permettra pas moins de faire, bien ou mal, des bâtiments qui aient ou n'aient pas de stabilité; et, s'ils périssent corps et biens, par l'effet d'une mauvaise configuration et d'une mauvaise construction, le constructeur aura ce grand avantage de quelques professions sanitaires, où le patient, disparu, n'est plus là pour redire quel traitement ignare a causé sa disparition.

On exige avec raison qu'un médecin, un chirurgien, une simple sage-femme, aient fait des études complètes et solides, sur la théorie et la pratique de leur art. Cependant, celles d'entre ces personnes qui ont la main la plus malheureuse, ou l'imagination la plus expérimentale, ne peuvent faire qu'une victime à chaque coup; mais un constructeur de navires qui manquera son bâtiment, va faire autant de victimes que ce bâtiment contiendra de marins et de passagers.

Espérons qu'en insistant sur le danger de laisser nos constructeurs du commerce croupir plus long-temps dans l'ignorance, nous n'aurons point fait un vain appel au zèle bienfaisant de l'autorité publique. La connaissance de la géométrie et de la méchanique appliquées aux arts maritimes, sera, soyons en sûrs, exigée bientôt des artistes dont les constructions peuvent procurer la supériorité à notre navigation marchande, et la sûreté à des équipages composés de Français.

La *fabrication des cordages* est un art géométrique. Il a pour objet de plier, suivant des spirales d'une longueur déterminée, des filaments qui d'abord sont parallèles. Depuis quelques années, on a fait, à la fabrication des cordages, l'application des méthodes rigoureuses de la géométrie, et l'on est parvenu à des résultats de la plus haute importance, sous le point de vue de l'économie. Ces résultats ont permis, à la marine, d'obtenir des cordages dont la force fût beaucoup plus égale dans toute leur étendue, dont la force fût beaucoup plus grande pour une même quantité de matière; ce qui ne présente pas seulement l'avantage de l'économie, à bord des navires, mais l'avantage très-important d'alléger les parties supérieures de la mâture; et, par conséquent, d'alléger aussi les mâts et les vergues, sans que l'ensemble du gréement ait, pour cela, moins de force et de durée.

Le *cordonnier* et le *bottier* exécutent des produits d'industrie, qui nous permettent une marche facile et sûre, lorsqu'ils s'adaptent bien à la forme de nos pieds et de nos jambes. Mais, ces chaussures nous exposent à des douleurs cruelles; souvent même elles déforment nos membres, et nous causent des infirmités, lorsqu'on les confectionne sans donner à la mesure, à la coupe, à l'assemblage, à la couture, ce degré d'exactitude et de régularité qui sont l'objet de la science de l'étendue.

Je place au rang des arts géométriques celui

du *faiseur de corsages*. Pour qu'un corsage atteigne bien l'objet de sa destination, il doit reproduire avec exactitude les formes qu'il est destiné à couvrir; il doit réunir assez de souplesse et d'élasticité pour céder aux mouvements du corps, sans permettre des déformations choquantes à la vue. Les dimensions et la position des baleines, des lames élastiques, des coutures plus ou moins rapprochées, plus ou moins solides, la coupe même des diverses parties qui composent un corsage, appartiennent à la géométrie; et cette science, dans une application qui semble futile, peut conduire à des résultats qu'on ne doit point dédaigner; car ils contribuent à produire les apparences de la beauté, et peuvent influer, d'une manière utile ou pernicieuse, sur la santé du sexe qui nous donne à la fois la force et la vie.

Le *corroyeur* se propose de modifier la surface extérieure et intérieure de la peau des animaux, de manière à présenter une surface plus ou moins lisse, et un corps dont l'épaisseur et la force soient les mêmes dans toutes les parties. Le corroyage emploie des instruments dont les formes sont régulières. Dans les travaux de cet art, comme dans ceux de beaucoup d'autres, on pourrait s'aider de moyens géométriques, lesquels conduiraient à des résultats d'une économie et d'une perfection nouvelles.

Le *coutelier* exécute des instruments variés, non-seulement pour les usages habituels de la vie, mais pour des opérations importantes, telles que les opérations de chirurgie ; ces instruments ont des formes que la géométrie définit, et dont elle apprécie les contours et les angles.

Le *fabricant des faux*, *des faucilles*, et d'un grand nombre d'instruments d'un genre analogue, a besoin de méthodes géométriques, beaucoup moins élémentaires que celles dont il faut faire usage pour la fabrication des couteaux et des rasoirs. Il en est de même des arts dont l'objet est de tailler des limes et d'autres instruments tranchants ou broyants.

Vous serez surpris, sans doute, de me voir placer le *cuisinier* au nombre des personnes qui savent tirer utilement parti de la géométrie. L'art de disposer les objets nécessaires aux repas, sur nos tables horizontales, est fondé sur les principes de la symétrie, et sur des observations qui ne manquent ni de finesse ni de vérité, relativement à la combinaison de la figure circulaire, ou quarrée, ou cylindrique, ou conique, ou pyramidale, des tables, des surtouts, des plats, et de ce grand nombre de produits d'industrie, dont se composent le luxe et l'élégance de nos festins.

Un objet essentiel pour le cuisinier est de donner à chacun des mets qu'il prépare, une forme commandée par l'usage ou par la mode. Cette forme est presque toujours géométrique, et la régularité de son aspect ajoute au plaisir de la table. Ainsi, certains plats ne peuvent être servis, si les objets qu'ils portent n'ont la figure précise d'un cylindre, ou d'un cône, ou d'un prisme, ou d'une pyramide, etc. Les éléments de la géométrie entrent donc dans les études de l'industrie, aujourd'hui si développée, des préparations gastronomiques.

L'art de *calendrer les tissus* de toute espèce est fondé sur la combinaison des mouvements de corps réguliers tels que les cylindres définis par la géométrie.

Le peintre en *décors* et surtout le *décorateur* de *théâtre* étudieront avec avantage la définition géométrique de la forme qu'ont les corps réguliers, la déformation soumise aux lois de la perspective, qu'éprouvent ces mêmes corps; enfin, le tracé rigoureux de l'image qu'il faut faire de ces corps, tantôt sur une surface unique, telle que la façade d'un édifice, ou le fond ou le rideau d'une décoration théâtrale, tantôt sur des plans parallèles, tels que les coulisses des théâtres.

Le *dentiste* a besoin de connaître et de comparer les formes variées, non-seulement des dents qu'il arrache ou qu'il remplace, mais des instruments dont les formes s'adaptent à celles de ces dents, et des moyens d'atteindre à tel point qu'il le désire, avec des instruments d'une figure déterminée, et d'une force calculée.

Le *doreur*, lorsqu'il veut couvrir, d'une couche métallique, des surfaces planes ou courbes, doit employer des outils qui aient une certaine figure, et leur donner de tels mouvements, qu'ils parcourent des espaces limités par ces surfaces. Ici, la géométrie pourrait offrir des moyens nouveaux d'opérer, et des perfectionnements remarquables; afin d'exécuter, en fabrique, la dorure de beaucoup d'objets analogues dans leurs formes.

L'*ébéniste* taille avec délicatesse, avec exactitude, des bois précieux, pour les joindre ensemble, et pour les appliquer sur d'autres bois. Souvent même il mêle l'ivoire et les métaux au bois qu'il met en œuvre, afin de présenter des figures variées dont les dessins sont presque toujours géométriques. L'ébéniste a besoin de méthodes qui lui permettent d'atteindre un grand degré de précision, s'il veut offrir des produits de son industrie, qui méritent l'admiration des connaisseurs.

L'*emballeur* doit proportionner ses caisses, ses enveloppes, ses cordages, à la figure et aux dimensions des objets variés qu'il se propose de garantir et d'entourer. Les mesures qu'il doit prendre à cet égard et la coupe qu'il doit faire des tissus qu'il emploie, dépendent encore de la géométrie.

L'*éclairage* des ateliers et des appartements, des rues, des places publiques, des côtes de la mer, considéré par rapport à la fixation des points d'éclairage, à l'intensité, à la distribution, aux reflets de la lumière, appartient à la science de l'étendue : cette science détermine la forme qui convient aux réflecteurs et aux réfracteurs des réverbères et des phares, etc. Dans l'éclairage par le gaz hydrogène, les fourneaux, les gazomètres, les tuyaux de conduite, les machines de compression, les robinets et tous les ajustages, ont des formes régulières et des dimensions qu'il est indispensable de dessiner, de mouler, de calculer avec rigueur.

Écriture. Parmi les applications de la géométrie, favorables aux progrès de la civilisation, l'une des plus importantes est celle de l'écriture. On a commencé par indiquer, avec des lignes et des points, la grandeur et la position qu'offrent la forme, le contour et les traits principaux des objets qui frappent nos sens. On a vu, de la sorte, que les corps dont la configuration est pareille, peuvent être représentés, par une même disposition de points et de lignes, quoique ces corps diffèrent de grandeur, de couleur, de poids, de force, etc. On a fait abstraction de ces qualités différentes, pour exprimer, avec des signes géométriques, une image isolée, ou, comme on dit, une idée abstraite de la figure des corps.

Par une alliance d'idées facile à l'esprit humain, on a rattaché les qualités habituelles des objets, à la figure habituelle de ces objets; ainsi des tracés géométriques ont représenté des qualités physiques ou des qualités morales, fort-étrangères à la science de l'étendue. Des lignes figurant une balance et l'égalité des poids, ont exprimé l'équité, vertu dont la géométrie a dessiné l'emblème. Un cercle entouré de rayons prolongés, qui fut d'abord l'image du soleil, est devenu celle de la gloire mondaine; ensuite, la même figure géométrique, dessinée autour de la tête des personnages béatifiés, a désigné leur gloire céleste. Enfin, la figure du triangle est devenue le symbole des trois personnes dont la divinité collective porte le nom de Trinité.

Ainsi, depuis les qualités purement physiques, jusqu'aux vertus morales, jusqu'aux idées métaphysiques, et depuis le moindre objet terrestre jusqu'à l'être suprême, l'esprit humain a tout représenté par la géométrie.

Cette première peinture des objets immatériels et matériels, a constitué l'écriture sacrée, l'écriture des hiéroglyphes, que l'on voit gravée sur les antiques monuments de l'Égypte et de la Nubie.

Mais une telle peinture était lente, pénible, dispendieuse. Elle pouvait convenir à la puissance royale, à la puissance sacerdotale, pour offrir aux nations une image impérissable de vérités importantes et de préceptes souverains; elle ne pouvait se prêter aux besoins variés, journaliers, instantanés, de la vie privée et des transactions sociales.

On s'est donc occupé de simplifier par degrés les images et les emblèmes des pensées, des qualités physiques et morales. On les a souvent altérés de telle sorte, qu'on chercherait en vain, dans la plupart des signes, l'analogie qui dut guider les inventeurs. Tel est l'état de l'écriture et vulgaire et savante, employée maintenant par le peuple chinois.

Dès l'instant où les signes géométriques n'avaient plus d'analogie avec les idées, et même avec les objets physiques dont on les rendait l'emblème, on devait chercher à les rendre le plus possible, simples à tracer, faciles à distinguer, et peu nombreux, pour être plus aisés à retenir.

Tel est le but admirablement atteint par les Phéniciens dans leur alphabet, par les Arabes dans la figure et la disposition de leurs chiffres.

Nous avons reçu, mais avec quelques modifications avantageuses, le système alphabétique des Phéniciens, et nous avons adopté les chiffres des Arabes.

Je ne crains pas d'avancer qu'une grande partie des progrès faits par les peuples modernes, dans les sciences et dans les arts, tient à l'admirable simplicité de formes et de combinaisons qu'offrent nos chiffres et nos lettres.

Il n'est aucune branche de l'industrie, où le maître et le simple ouvrier ne trouvent d'un immense avantage la connaissance et l'emploi des lettres et des chiffres. Pour avoir le compte des recettes et des dépenses, pour enregistrer les demandes et les besoins, pour tenir note des observations faites par les vendeurs et par les acheteurs, par les personnes qui exécutent et par les personnes qui commandent; enfin, pour consigner, d'une manière durable, les moyens avantageux, les résultats essentiels dans chaque branche d'industrie, il faut avoir recours aux comptes et à l'écriture.

Déjà, dans beaucoup de professions, on n'admet aucune personne qui ne sache écrire et calculer. Aujourd'hui, sans cette connaissance préliminaire, on n'est reçu *commis* chez aucun négociant, dans aucune boutique; et le nom même des *comptoirs*, en exclut toutes les personnes qui ne savent ni lire, ni compter.

Aujourd'hui, l'on rougirait d'admettre comme

élève quiconque ne saurait ni compter, ni écrire, dans les professions d'architecte, d'arpenteur, de bijoutier, de chirurgien, de ciseleur, de graveur, d'horloger, d'ingénieur, de lunetier, de machiniste, de mineur, de musicien, d'opticien, de peintre, de sculpteur, etc., etc. Parmi les autres professions, beaucoup ont un indispensable besoin que les ouvriers possèdent ce premier élément des connaissances humaines. Déjà, dans la plupart des maisons opulentes, et même dans les maisons des plus modestes bourgeois, on exige que les domestiques sachent faire leurs lettres et leurs chiffres, et lire couramment.

Ainsi, les ouvriers qui ne voudraient pas acquérir la connaissance, si facile, des lettres et des chiffres, se priveraient à plaisir, non-seulement de tout espoir de s'élever aux professions les plus honorables de l'industrie; mais d'un nombre toujours croissant d'emplois secondaires, et même d'occupations inférieures qui pourtant seraient trouvées *au-dessus de leur ignorance*. Ils se priveraient des secours les plus utiles pour acquérir et garder des connaissances qui feraient partie de leur bien-être et de leur prospérité; ils se placeraient dans un état d'infériorité perpétuelle, par rapport à leurs compagnons, et même par rapport à leurs apprentifs, qui auront la patience et la volonté d'entreprendre et d'achever une première et facile étude.

Dès l'instant où les ouvriers seront bien convaincus de l'extrême importance qu'il y a pour eux de savoir écrire et compter, ils s'exerceront à faire des lettres et des chiffres dans leurs moments de loisir. A coup sûr, durant les soirées d'hyver, durant les jours de fête ainsi que les dimanches, ils trouveront facilement une heure à réserver pour cette première étude.

Quand ils auront acquis cette connaissance bien élémentaire, on pourra les exercer aux quatre règles de l'arithmétique.

Dès cet instant, ils seront en état de comprendre et de suivre par degrés la géométrie, puis la méchanique, et d'apprendre les secours importants que ces deux sciences prêtent à tous les arts, à tous les métiers.

J'ai cru devoir m'étendre beaucoup sur les avantages de deux grandes applications de la géométrie, applications pratiquées, sans s'en rendre compte, par des personnes qui ne connaissent pas même le nom de la géométrie.

Plusieurs individus, je le sais, voient avec chagrin que les ouvriers apprennent la lecture, l'écriture et les comptes. Mais, heureusement, ces individus constituent le petit nombre, dans toutes les classes de la société. Oui, dans tous les degrés de l'ordre social, le sentiment du plus grand nombre est toujours en faveur des idées les plus utiles et les plus généreuses. Gardons-nous donc d'avoir aucune appréhension sur les efforts qu'on pourrait tenter dans le dessein d'empêcher de pauvres artisans d'acquérir les moyens d'alléger le poids de la vie, et d'adoucir une pénible existence. Démontrons aux ouvriers tout l'avantage qu'ils auront à s'instruire. Démontrons aux chefs d'ateliers, aux maîtres de maison, tout l'avantage qu'ils auront à posséder des ouvriers qui aient des moyens certains de les comprendre et d'exécuter des ordres donnés, de loin aussi bien que de près, par des signes durables comme les lettres, avec des signes précis comme les chiffres. Démontrons aux hommes en pouvoir, l'avantage qu'ils auront pour se faire entendre, pour se faire obéir par des hommes dont un peu d'étude aura déjà réglé l'esprit et discipliné la pensée. Enfin, si nous voulons parler dignement aux personnes augustes que leur naissance a placées sur le trône, et sur les degrés du trône, employons un plus pur et plus noble langage; montrons-leur la gloire éclatante dont s'entourent les chefs des états, les souverains, favorables aux progrès de l'esprit humain. Montrons-leur sans cesse, et la grandeur, chère à l'humanité, des peuples chez lesquels la culture de l'esprit est considérée comme un trésor national où chaque citoyen reverse avec usure la richesse qu'il est venu puiser, et la mémoire abhorrée et flétrie, de ces nations qui se sont fait un principe infâme d'étouffer la pensée et d'abattre les monuments de notre intelligence. Qu'ils opposent dans leur souvenir, les Grecs, les Toscans, les Anglais et les Français, aux Huns, aux Goths, aux Vandales, aux Ottomans; qu'ils opposent les Périclès, les Alexandre, les Charlemagne, les Médicis et les Louis XIV, aux Attila, aux Genseric, aux Omar, aux Ali; et qu'ils choisissent entre ces renommées!.....

Le cours même que je suis chargé de professer et de propager sur tout le sol de la France, vous répond par la voie des faits, du noble parti que la dynastie de nos Rois continue d'adopter, en faveur des progrès de l'esprit humain, et du bonheur des classes laborieuses.

Ouvriers français, je n'ai qu'un mot à vous dire pour vous engager à marcher avec zèle, dans la carrière qui s'ouvre devant vous.

Aujourd'hui, dans la Tartarie, sur les bords du Don, ces cosaques, ces barbares que vous avez vus souiller le sol français de leur présence, il leur a suffi d'habiter, une année, sur une terre de science et de génie, pour comprendre le bienfait du savoir. De retour dans leurs déserts, ils ont adopté les études qui donnent aux plus instruits d'entre vous la supériorité sur tous les autres. *Aujourd'hui, les Cosaques étudient les principes de la lecture, de l'écriture et du calcul.* Dites-moi, reprendrez-vous, sur les barbares, l'avance que votre esprit pénétrant et capable doit vous donner dès que vous le voudrez; ou, contre notre attente, Ouvriers français! resterez-vous en arrière des Tartares?...

Ah! faites que la France soit fière de votre réponse. Que ceux d'entre vous qui savent lire, redisent ce passage à leurs compagnons de travail, et bientôt une émulation généreuse les saisira pour s'avancer tous ensemble dans la route que nous voulons frayer devant eux.

Revenons à des applications moins importantes et moins étendues, de la géométrie, aux besoins de la société, aux professions industrielles.

L'*épinglier* emprunte un grand nombre de méthodes à la géométrie, quand il veut exécuter la plus simple épingle; soit pour tailler également les fils métalliques, soit pour aiguiser ces fils par une extrémité, soit pour garnir l'autre avec des anneaux très-petits, délicatement contournés, et finalement ajustés de manière à former la tête de l'épingle.

On a divisé l'art de l'épinglier en un grand

nombre de parties, dont chacune représente une méthode unique et très-simple, soit de géométrie, soit de méchanique. Cette division intelligente a produit les résultats qu'on cite comme un des plus brillants exemples d'une division bien entendue du travail, c'est-à-dire, d'une décomposition bien conçue des diverses méthodes de géométrie et de méchanique nécessaires pour obtenir un produit d'industrie, en portions assez élémentaires pour être exécutées par la répétition de mouvements géométriques toujours les mêmes.

L'*escrime* emprunte à la géométrie, des méthodes et des combinaisons variées. Elle exige des connaissances pratiques sur les directions, les angles et les espaces parcourus, connaissances qui nous offrent autant d'applications de la géométrie, quoiqu'elles soient acquises par de tout autres moyens que par des études semblables à celles de nos paisibles écoles.

Le *facteur d'orgues* exerce un art où la science de l'étendue est à chaque instant nécessaire. Les tuyaux qu il fabrique ont tous des formes calculées, ou prismatiques, ou cylindriques, ou coniques. Leurs dimensions sont soumises à des lois régulières et constantes; et l'exactitude avec laquelle l'artiste obéit à ces lois, produit la perfection qu'on observe dans les instruments de ce genre, dont les sons ne laissent rien à désirer pour la précision et la pureté.

Le *faïencier* fabrique au tour, ou par le moulage, des produits dont la figure peut être rigoureusement définie par le géomètre, ou du moins dont les formes gracieuses ont des rapports généraux que la science de l'étendue peut étudier et révéler.

Le *faucheur* exécute avec son outil une opération géométrique. Le tranchant de cet outil décrit une surface dont l'intersection avec les plantes qu'il s'agit de faucher, détermine le travail même, plus ou moins parfait, plus ou moins égal, du fauchage. La forme de l'outil, la manière dont il est emmanché, les mouvements que l'ouvrier lui imprime, sont soumis à des lois géométriques. Ces lois, étudiées avec soin et transportées dans le jeu des machines, ont produit des instruments aratoires où le fauchage s'opère indépendamment de l'intelligence humaine et par un mouvement imprimé d'une manière continue. Voilà comment la géométrie, dont l'étude semblerait ridicule chez le simple faucheur et chez le moissonneur, invente néanmoins ces instruments admirables, avec lesquels on économise beaucoup sur les bras de l'agriculture; instruments qui donnent à l'industrie les bras épargnés, et permettent ainsi d'accroître la masse des produits dont se compose la vraie richesse d'un pays.

Le *fendeur* exerce un art géométrique dont les principes reposent sur l'intersection des surfaces. Il faut encore, au sujet de l'industrie du fendeur, présenter des observations analogues à celles que je viens de vous offrir relativement à l'industrie du faucheur. On peut appliquer la géométrie, avec un très-grand succès, à la confection d'instruments et de machines propres à diviser, d'une manière avantageuse, les pièces de bois que l'on doit fendre. Des machines de ce genre sont employées pour la *fabrication des allumettes*, et cette industrie, si médiocre en apparence, a suffi cependant pour faire la fortune des personnes qui ont eu le talent de bien appliquer la géométrie et la méchanique au plus humble métier.

Vous concevez qu'il existe une foule d'applications beaucoup plus importantes, dans l'art de fendre les bois nécessaires pour former les *cercles* des barriques et des cuves, les *merrains* qu'on emploie pour ces cuves et ces barriques, *les échalas*, les *bois de lance, d'écouvillon*, etc. Partout de nouvelles applications s'offrent à notre étude; elles n'attendent qu'une connaissance plus généralement répandue, de la géométrie et de la méchanique, pour être faites avec succès.

Le *ferblantier* a le même besoin de la géométrie que le chaudronnier; besoin que je vous ai précédemment expliqué.

Le *fileur* et la *fileuse* exécutent des produits dont la figure est géométrique, ainsi que la forme du fuseau et du rouet qu'ils emploient pour leurs travaux individuels. Il faut mettre au rang des plus magnifiques applications de lagéométrie et de la méchanique, les machines, si variées et si puissantes, à l'aide desquelles une force dépourvue d'intelligence parvient à filer, le coton, le chanvre et d'autres substances analogues, avec plus d'égalité et de finesse que n'aurait fait le meilleur ouvrier.

Le *fondeur* de cloches a besoin, pour fabriquer ses moules, de faire des tracés et des opérations géométriques, afin de produire des cloches qui aient exactement la figure de surfaces de révolution, et dont les épaisseurs soient bien proportionnées dans toutes leurs parties.

Le *foulage*, exécuté par des machines, repose essentiellement sur des conceptions et des tracés géométriques, de paralièles, de courbes développantes et développées, etc.

Le *gantier*, pour la taille des produits qu'il confectionne, doit prendre des mesures géométriques, d'après les formes ordinaires qu'ont les mains et les bras des personnes des deux sexes et de différents âges. La géométrie peut s'appliquer avec succès à la confection des gants, par des procédés réguliers et méchaniques.

Le *géographe*, soit dans les mesures qu'il effectue sur le terrain, soit dans les tracés qu'il fait sur sa planchette ou dans son cabinet, exécute des opérations qui sont toutes géométriques. Le nom même de la géométrie se compose de deux parties qui signifient mesure de la terre; objet rempli par le géographe ou descripteur de la terre.

Le *fabricant des glaces* emploie, pour les polir, des méthodes auxquelles la géométrie seule peut donner un grand degré d'exactitude.

Le *graveur*, dans ses tracés, dans la direction des contours apparents de ses traits principaux, de ses hachures, droites ou courbes, parallèles ou divergentes, a besoin d'un assez grand nombre de méthodes géométriques. Aussi, voyons-nous, depuis que la géométrie est devenue plus familière aux graveurs, la représentation des produits de l'industrie et des machines, opérée d'une manière infiniment plus satisfaisante. Sous ce point de vue, les graveurs contribuent à faciliter l'intelligence des descriptions relatives aux arts, et méritent la reconnaissance de l'industrie.

Le *gréeur* exerce une profession maritime dont l'objet est d'assortir les diverses espèces de cordages, et de les tailler suivant des longueurs, de les assembler suivant des moyens donnés par la géométrie. Les nœuds variés qu'il sait produire et qu'il exécute pour satisfaire aux divers besoins de la marine, sont susceptibles d'être définis par la géométrie.

Il existe un grand nombre d'applications nouvelles et intéressantes que l'on pourrait faire, de cette science, à l'art de gréer les navires. Soyons certains qu'il suffira d'appeler sur cet objet l'attention des officiers de la marine française, dont les connaissances sont aujourd'hui supérieures ; bientôt leur talent saura produire les perfectionnements que nous annonçons.

Le *guillocheur* exécute, sur des surfaces géométriques, planes, cylindriques, coniques, de révolution, des courbes variées, mais susceptibles, néanmoins, d'être produites par des mouvements réguliers. Si lui-même n'a pas l'intelligence de cette application de la géométrie, et s'il opère d'une manière machinale, il faut au moins que l'ouvrier qui exécute le tour du guillocheur, comprenne le principe général des courbes qu'on doit produire; et c'est une application ingénieuse de la géométrie.

L'*horloger* est obligé de faire la continuelle application d'un nombre très-varié de principes et de méthodes exactes, pour le tracé, pour la division de ses roues, pour la combinaison de ses échappements, de ses ressorts en spirale, de ses barillets cylindriques, de ses fusées coniques, etc. L'art de l'horlogerie ferait, parmi nous, des progrès beaucoup plus rapides, si la connaissance de la géométrie et de la méchanique était plus généralement répandue chez les artistes qui pratiquent cet art ingénieux.

L'art de l'*impression* se subdivise en une foule de branches, suivant qu'il s'agit de produire une impression sur des tissus de diverses natures. Cette impression peut être produite avec des instruments d'une forme géométrique. Elle est toujours soumise aux lois de la symétrie.

L'impression de la *typographie* offre la plus importante application de ce genre de connaissances. Une étude pleine d'intérêt, est celle des moyens variés que la géométrie et la méchanique ont fournis aux diverses branches de cet art, pour lui faire atteindre le degré d'avancement où nous le voyons porté de nos jours. Cependant, cet art même a besoin que les deux sciences dont nous énumérons les services lui prêtent encore des secours nouveaux. Entre les opérations manuelles nécessaires à la typographie, il en est qui n'exigent que la force physique, comme l'effort de peser sur un levier, par un mouvement toujours le même et sans cesse renouvelé. Ces rudes travaux influent nécessairement sur les habitudes des hommes auxquels on les confie, et placent ces hommes au-dessous du rang où les appelleraient souvent leurs facultés intellectuelles. Il est à désirer que la géométrie et la méchanique unissent leurs moyens pour délivrer les artistes qu'emploie la typographie, de tout labeur purement machinal; afin de leur réserver, dans les branches variées de leur importante industrie, les seules opérations où l'esprit doive prendre une part essentielle. J'ose assurer qu'en peu de temps, ouvriers et maîtres s'applaudiront d'un pareil changement; parce qu'il contribuera beaucoup à donner aux uns le bien-être, aux autres l'opulence.

Le *jardinier* met en usage un grand nombre de méthodes géométriques. La manière dont il exécute l'ellipse, repose sur une des propriétés les plus belles et les plus utiles de cette courbe. Le jardinier trace des parallèles, des perpendiculaires, des lignes qui forment avec d'autres, des angles donnés; il fait ses plantations régulières, en quarré, en quinconce, en allée, en plate-bande, et suivant des lignes variées. Il doit connaître les lois de la perspective, et l'art de figurer, de représenter par des treillis, les combinaisons variées de l'architecture.

Il y a des personnes dont l'unique profession

est de *jauger* la contenance des tonneaux et d'autres vases destinés à recevoir des liquides précieux. Ces jaugeurs, lorsqu'ils ne font que répéter des opérations qui leur sont dictées, agissent comme des machines ; mais, dès l'instant qu'ils ont besoin de trouver la moindre méthode, pour un vase nouveau qu'on leur donne à mesurer, ils sont obligés de recourir aux principes de la géométrie.

Le *jaugeage des navires* est une opération indispensable pour connaître, non-seulement ce que peut contenir, mais ce que peut porter un bâtiment de mer. C'est une opération que tous les constructeurs du commerce devraient savoir faire; opération qui nécessitera des connaissances étendues en géométrie, pour déterminer le volume de corps très-variés par leurs formes, si les constructeurs marchands veulent cesser d'agir d'une manière purement empirique et qui les expose à de graves erreurs.

Le *lanternier* exécute des surfaces développables, comme le ferblantier et le chaudronnier. Il a besoin des mêmes méthodes et des mêmes connaissances que ces deux classes d'artistes.

Depuis quelques années, la profession du *lampiste* est élevée au rang de celles qui demandent beaucoup d'habileté dans les conceptions et dans l'exécution ; parce que le lampiste emploie des pièces d'horlogerie, pour donner à l'huile un mouvement régulier d'ascension, produit par des engrenages et des transmissions de mouvements auxquels il assujettit des parties de machines dessinées et confectionnées avec une rigueur géométrique.

Le *lunetier* exécute des verres proportionnés à la faiblesse plus ou moins grande de notre vue ; afin de rapprocher ou d'éloigner convenablement les objets, en donnant, aux verres de lunettes, des formes géométriques d'une courbure plus ou moins considérable. C'est un problème de géométrie dont il doit suivre la solution, dans la configuration de ces verres. Il doit employer beaucoup d'autres méthodes, s'il veut combiner ces mêmes verres, pour produire des longues-vues, des lorgnettes, des télescopes et des microscopes. Alors il a besoin du cercle entier des connaissances qui sont exposées dans ce cours, et de méthodes spéciales plus relevées encore.

Le *fabricant de machines et de métiers* doit posséder toutes les méthodes géométriques qui réunissent la simplicité, la facilité, l'exactitude, pour produire des formes régulières, telles que celles dont se composent les éléments des machines ; ce qui comprend toutes les formes que la géométrie ordinaire définit, et beaucoup d'autres qu'elle n'a point, jusqu'à ce jour, embrassées dans son domaine : nous nous efforcerons de les rendre élémentaires, de les expliquer dans notre cours, avec leurs propriétés essentielles.

Le *maçon* fait usage de moyens géométriques auxquelles il doit donner beaucoup d'exactitude, lorsqu'il construit des édifices d'une grande étendue, lorsqu'il érige des murs très-élevés : sous peine de produire des constructions qui n'aient aucune solidité.

Les échafaudages du maçon peuvent être rendus légers sans cesser d'être solides. J'insiste, à dessein, sur un tel perfectionnement; parce qu'on voit très-souvent, à Paris, surtout dans les constructions faites pour le compte du gouvernement, des échafaudages aussi massifs que les charpentes les plus lourdes : ce qui montre l'ignorance profonde, non-seulement du maçon, mais de l'entrepreneur et de l'architecte, l'un qui tolère, l'autre qui confectionne de semblables échafaudages. On peut, à cet égard, produire une grande économie, par une application bien combinée de la géométrie et de la méchanique.

J'ose dire que l'art de construire les édifices, depuis la bâtisse des plus simples maisons jusqu'à l'érection des monuments, des temples, et des palais, peut être l'objet d'une économie et d'une perfection toutes nouvelles, obtenues par l'application judicieuse des sciences dont nous énumérons les services. Les architectes, les entrepreneurs, les maçons, et toutes les classes d'artistes et d'artisans, qui concourront à ce progrès, et s'avanceront les premiers dans la carrière des améliorations, rendront un grand service aux citoyens ainsi qu'à l'état, en même temps qu'ils trouveront le moyen, les uns d'augmenter leur bien-être, les autres de s'élever, par une voie légitime, à la plus grande fortune.

Le *marbrier* se propose de tailler les marbres et les pierres dures, suivant des formes variées qui lui sont prescrites par l'architecte ou le fabricant de meubles. L'art de tailler, de scier, de polir ces marbres, ne peut atteindre quelque perfection, si l'on n'a pas recours aux méthodes que fournissent la géométrie et la méchanique. Déjà quelques personnes, en France, ont commencé d'appliquer, avec talent, l'une et l'autre science, à l'art du marbrier. L'on ne peut que les engager à continuer de suivre cette route, et l'on doit leur prédire des succès mérités.

Le *menuisier* n'exécute que des opérations géométriques et des formes qu'on peut tracer avec le compas et la règle; la science de l'étendue lui fournit des méthodes, et contribue à perfectionner la sûreté de son coup d'œil et la dextérité de sa main.

Le *mineur* est obligé de creuser des puits

d'une figure donnée, et des galeries dans lesquelles il se dirige, non pas, comme en plein air, à l'aide de la vue, mais avec des instruments géométriques, lesquels déterminent exactement les lignes sinueuses qu'il parcourt, et de la sorte déterminent la position, le gissement des divers filons des mines qu'il exploite. On a donné le nom de *géométrie souterraine* aux opérations que le mineur doit accomplir pour se guider dans ses travaux, et cette géométrie présente des problèmes et des méthodes aussi variées qu'ingénieuses. L'art du mineur, la configuration des instruments qu'il emploie, et les mouvements qu'il leur fait décrire, doivent une foule d'utiles secours à la géométrie. Aussi cette science est-elle enseignée dans l'excellente école d'application où l'on forme des mineurs pratiques, à Saint-Étienne.

Aux yeux du géomètre, l'art du *moissonneur* est identique avec celui du faucheur, quant à l'objet qu'on se propose; il n'en diffère que par la figure et la grandeur des instruments qu'on emploie. La géométrie s'est donc appliquée à l'art de moissonner par des machines, de même qu'à l'art de faucher.

Le *mouleur* exécute ses moules d'après des formes données. Il a besoin de méthodes géométriques qui doivent varier avec la matière des moules et celle des objets à mouler, avec la proportion des pièces, etc. Parmi ces méthodes, il en est qui conduisent par une voie certaine à la production de tels moules, dès l'instant où l'artiste les suit avec précision.

Le *mosaïste* doit connaître la figure et les propriétés des polygones réguliers et des contours symétriques, ainsi que les combinaisons variées qu'il est possible d'en faire, pour imiter les formes de l'art ou de la nature. Il a besoin d'exécuter des tracés conçus d'après ces formes et qui lui servent de direction pour fabriquer ses mosaïques.

Le *meunier*. Les moulins à farine, ainsi que les moulins qu'on emploie pour exprimer les huiles et d'autres substances, sont des machines compliquées dont le jeu, dont la structure exigent des connaissances variées de géométrie. Il me suffirait de citer : les précautions à prendre pour assurer le parallélisme des meules ; le jeu facile oscillatoire autour d'un axe vertical, par la meule supérieure ; les tailles parallèles, obliques et variées, qu'il faut faire sur les meules, pour que le blé soit ouvert et le son détaché de la farine, sans que les grains se trouvent écrasés, et sans qu'il reste de farine perdue par son adhérence avec l'enveloppe extérieure. La construction et la conduite des moulins offrent une foule de problèmes intéressants à la géométrie, ainsi qu'à la méchanique, et ne peuvent être faites avec succès que par des artistes instruits et bien exercés.

Musique. La fabrication des instruments de musique abonde en applications importantes de la géométrie : je citerai surtout la fabrication des instruments à cordes, pareils à ceux qu'exécute le *luthier*. Un ancien élève de l'École polytechnique, que la marine vient de perdre il y a peu de jours, M. Chanot, officier du génie maritime, a, par des applications ingénieuses de la géométrie descriptive, trouvé le moyen de faire des violons, des basses et des guitares qui, dès l'instant où l'on commence de les jouer, ont une supériorité qu'il n'est possible d'obtenir qu'avec le temps, lorsqu'on suit des méthodes empiriques : méthodes par lesquelles on n'est jamais sûr qu'un instrument, au sortir des mains de l'ouvrier, ne sera pas très-médiocre.

La *fabrication des pianos* présente d'autres applications de géométrie, pour assurer le parallélisme des cordes, des touches, des leviers, des pédales, des marteaux, pour donner à la longueur de chaque corde, comprise entre un point d'attache et une certaine courbe, une étendue qui corresponde au son qu'elle doit produire.

La fabrication des instruments à vent exige

des méthodes spéciales, pour confectionner des surfaces de révolution telles que celles de la flûte, de la clarinette, du haut-bois et du basson ; des surfaces engendrées par un cercle variable de rayon, et dont le centre parcourt une certaine courbe ; telles sont les surfaces du cor de chasse, du serpent, du trombone et du cor d'harmonie. Le tambour et le tambourin, la grosse caisse, le triangle, le tam-tam, le pavillon chinois, les cymbales, etc., ont des formes régulières ; leur fabrication exige, par conséquent, des méthodes empruntées à la géométrie.

Le *négociant* doit connaître la mesure de la surface, du contour, de la capacité, du volume qu'ont un grand nombre de produits d'industrie ; il doit acquérir des idées justes, sur la forme, sur les dimensions de ces produits, s'il veut devenir le juge éclairé des objets de son commerce. A cet égard, un bien petit nombre de négociants ont reçu les notions qui pourraient leur être utiles; et la géométrie doit être mise au rang des connaissances premières que nous indiquons pour leur éducation technique. Aussi, dans l'école spéciale du commerce, à Paris, école dirigée avec un succès remarquable par M. le chevalier Destaillades, ancien officier de marine, le cours de géométrie et de méchanique appliquées aux arts, fait-il partie de l'éducation des élèves. Cette addition aux connaissances qu'on leur enseigne produira certainement des résultats très-avantageux pour le commerce et pour l'industrie de la France. Aujourd'hui même, j'apprends qu'une seconde école de commerce, établie à Paris, se propose d'adopter le même enseignement.

L'*orfèvre* exécute un grand nombre d'objets dont les formes sont régulières et rigoureusement déterminées. Les matières qu'il emploie étant toutes précieuses, il doit en calculer, avec le plus grand soin, les quantités nécessaires pour donner la figure et les épaisseurs qui conviennent à chaque objet. Une des conditions de son industrie est de produire des surfaces courbes ou planes, très-variées; de leur donner une régularité, une continuité dont la perfection réponde à la beauté de la matière. Il ne peut arriver à tous ces résultats, d'une manière éclairée, facile, économique, s'il n'emploie les méthodes fournies par la science de l'étendue.

L'*opticien* n'exécute pas seulement les verres dont nous avons parlé au sujet du lunetier, il exécute aussi les cylindres qui contiennent ces verres, et s'emboitent avec précision les uns dans les autres. Ordinairement, le même ar-
c est ingénieur en instruments de mathé-

matiques, et je n'ai pas besoin d'indiquer ici tous les secours que cet artiste doit demander à la science même dont il confectionne les instruments.

Le *fabricant de papier* a pour objet d'exécuter des feuilles d'une épaisseur partout la même, d'une largeur constante et d'une longueur plus ou moins considérable. Depuis quelques années, un Français a trouvé le moyen d'appliquer la géométrie et la méchanique à la confection du papier. Avec un système bien combiné d'instruments et de machines, il produit, par des mouvements réguliers et géométriques, des papiers d'une égalité parfaite et d'une longueur indéfinie. Les Anglais ont les premiers mis en pratique cette magnifique industrie, qui est ensuite revenue à sa terre natale, et qui prospère aujourd'hui dans la France.

Le *parqueteur* et le *carreleur* ont besoin, comme le mosaïste, de connaître, quoiqu'à un moindre degré, les figures des éléments de surface, avec lesquelles ils couvrent le sol de nos appartements; ils doivent employer des méthodes de tracé, de nivellement et de pose, assez précises pour produire une surface horizontale et partout également unie.

Le *passementier* confectionne des tissus variés, par des combinaisons, plus ou moins ingénieuses, de fils entrelacés suivant des lois géométriques. Pour confectionner ces tissus avec des machines, il faut que la science de l'étendue fournisse des combinaisons délicates; l'exécution des métiers propres à fabriquer ces tissus doit demander elle-même, à la science de l'étendue, des méthodes variées et fort-exactes.

Le *pâtissier* exécute des produits ayant des formes, diversifiées souvent au gré du caprice, et, plus souvent encore, déterminées par des figures simples, dont la symétrie plaît à l'œil. La plupart de ces produits ont pour contour ou le triangle, ou le quarré, le cercle, l'ellipse, le cylindre, le cône, la sphère, etc. Le pâtissier doit connaître les moyens de produire ces diverses espèces de contours, avec les matières premières qu'il emploie. Pour obtenir les figures régulières qu'il donne au plus grand nombre des objets de son industrie, il a recours à des moules métalliques. Le *fabricant de ces moules* doit lui-même connaître les moyens de modeler ces figures régulières, et d'en inventer de nouvelles, qui satisfassent aux lois de la géométrie.

Le *paveur* a besoin, pour exécuter ses travaux, de les diriger par des nivellements qui lui montrent les directions générales des pentes à suivre. Il faut qu'il possède les méthodes propres à donner au terrain, des formes telles que l'écoulement des eaux soit partout assuré. Enfin, c'est à lui de combiner les matériaux qui lui sont fournis pour exécuter le pavage, de telle sorte que ces matériaux, une fois posés, offrent une surface aussi unie que possible, et partout également résistante. Le seul énoncé de ces conditions indique l'emploi d'un assez grand nombre de méthodes géométriques.

Le *pêcheur* doit juger de la forme qui convient à ses filets, de la grandeur qui convient aux mailles, des moyens de former ces filets par des assemblages de fils diversement noués. Ce sont encore des problèmes que la géométrie peut éclairer, et des résultats qu'elle peut obtenir avec des métiers dont elle réglera les combinaisons, dont elle effectuera le tracé.

Le *peintre* a besoin de méthodes géométriques pour faire des copies de même grandeur que le tableau modèle, ou d'une grandeur réduite. Il est important pour lui de connaître les principes et la théorie de la perspective et des ombres, de se former des idées justes sur les contours apparents, sur les formes des lignes et des surfaces envisagées dans les variétés de leurs courbures et de leurs inflexions. Enfin, s'il ne veut pas se priver de l'art de représenter avec exactitude les objets dont la forme est régulière, il doit se rendre capable de représenter ces objets dans leur régularité même; par conséquent, il doit connaître les tracés élémentaires de la géométrie.

Le *perceur*, artiste maritime, exerce une profession qui demande les connaissances nécessaires pour diriger, pour effectuer des trous cylindriques ou coniques, à travers des assemblages de corps très-variés, et de manière à ce que les surfaces ainsi creusées ne pénètrent jamais les unes dans les autres

Le *plaqueur*. Il faudrait répéter, au sujet des connaissances dont le plaqueur a besoin, tout ce que nous avons dit au sujet des connaissances utiles au doreur, à l'étameur, etc.

Le *plâtrier* n'a pas seulement pour objet de produire des surfaces parfaitement planes; il orne ces surfaces avec des moulures régulières qui sont des surfaces prismatiques ou cylindriques. Il exécute des ornements contournés en cercle, en ellipse, etc. Il pousse, suivant ces contours, des moulures régulières, qui sont des surfaces analogues aux surfaces-canaux. Le plâtrier a donc besoin d'avoir des méthodes précises, pour exécuter avec régularité ces formes diverses.

Le *poêlier-fumiste* doit réunir, aux connaissances particulières du chaudronnier et du ferblantier, les connaissances spéciales qui se rapportent aux dimensions, à la configuration des poêles, des cheminées, des ventouses, etc.

Le *poudrier*. La fabrication des poudres de guerre et de chasse exige une combinaison remarquable des méthodes de la géométrie, de la méchanique et de la chimie. La granulation de la poudre est une opération presque toute géométrique.

Il faut également regarder comme des méthodes géométriques, celles dont l'objet est de produire et de séparer des poudres, à différents degrés de finesse. Une telle séparation peut s'exécuter avec des instruments et des machines dont les formes sont rigoureusement définies et obtenues par la géométrie.

Le *poulieur* confectionne, pour l'industrie et surtout pour la marine, des machines très-variées, qui sont terminées par des surfaces que la géométrie enseigne à produire. On doit citer comme des modèles, plusieurs de ces machines imaginées par un ingénieur français, M. Brunel : nous en donnerons l'idée dans notre cours.

J'ai déjà parlé des *pressiers* au sujet de l'impression typographique, et je ne reproduirai pas ici les considérations dans lesquelles j'ai cru devoir entrer à leur égard.

Les *pugilistes* ont le même besoin d'une géométrie des sens, que le maître d'escrime et que les joueurs de bâton; ils doivent également se former à juger, avec une extrême rapidité, des distances, des angles, des directions, etc.

Le *pompier*, fabricant de pompes, fait un usage perpétuel des tracés et des mouvements géométriques, pour exécuter les pompes variées qu'on emploie dans l'industrie.

Le *porcelainier* a besoin des mêmes connaissances géométriques que le faïencier.

Le *portraitiste*, qui dessine des figures avec le physionotrace, fait usage d'une méthode géométrique.

Le *potier* exerce une industrie analogue à celle du faïencier et du porcelainier. Le *potier d'étain* a besoin de méthodes plus rigoureuses, parce que la configuration de ses produits est plus difficile. Le *potier de fer* doit recourir à tous les procédés réguliers du moulage et du tournage; son industrie n'est pas arrivée, à beaucoup près, en France, au degré de perfection qu'elle peut atteindre.

Le *pyrotechnicien* emprunte plusieurs méthodes à la géométrie, pour façonner chaque pièce de ses artifices, et pour disposer ces pièces de telle manière qu'à l'instant de l'ignition, elles offrent, dans l'air, des lignes et des surfaces régulières, semblables à celles que la géométrie peut concevoir et produire.

Le *ramoneur* n'a guère besoin de la géométrie pour nettoyer la surface plus ou moins régulière des cheminées. Mais si, guidé par l'amour de l'humanité, on veut épargner à de pauvres enfants le pénible exercice d'une profession cruelle, qui coûte la vie à plusieurs d'entre eux, il faut avoir recours à cette science; alors on inventera des instruments propres à nettoyer les surfaces de formes semblables à celles des cheminées. Gardons-nous de croire qu'en obtenant un tel résultat, on se montrerait cruel envers ces enfants, et qu'on les priverait de toute occupation. Une industrie toujours croissante leur offrira facilement un métier salubre et lucratif, et ils quitteront peu à peu la profession la plus abrutissante et la plus dangereuse.

Le *raquetier* produit des surfaces planes, avec des filets artistement entrelacés et tendus sur des raquettes; il a besoin de procédés géométriques pour les exécuter avec précision.

Le *scieur de long* doit diriger son outil de manière à produire aussi des surfaces planes, et des surfaces cylindriques ou coniques, et généralement des surfaces développables, dont il exécute le tracé sur deux faces des pièces de bois ou d'autre matière qu'il doit scier. La géométrie et la méchanique ont également combiné leurs moyens pour exécuter le sciage autrement que par la force des hommes. Ces deux sciences ont imaginé l'emploi de la scie circulaire dont j'aurai soin de vous faire apprécier les grands avantages et les usages nombreux.

Le *serrurier* confectionne des ouvrages délicats dont la forme, ingénieuse et variée, n'obtient de la précision, dont le poli n'obtient de l'éclat, et l'assemblage, de la solidité que par des tracés et des mouvements empruntés à la science de l'étendue.

Le *statuaire* et le *sculpteur* ont besoin de posséder les méthodes nécessaires pour réduire au point les figures, d'après des modèles donnés. Afin de reproduire la forme complète des modèles, ils doivent connaître les variétés que présentent les lignes et les surfaces, dans leurs courbures et leurs inflexions. Ajoutons que l'étude de la géométrie donne au coup-d'œil du statuaire une précision, une sûreté qu'il acquerra difficilement sans apprendre cette science.

Le *tabletier* a besoin, comme le menuisier, de moyens rigoureux, pour tailler, polir, assembler les diverses parties ou compartiments des boîtes qu'il confectionne.

Le *taillandier* doit concevoir une idée précise de la forme la plus convenable aux outils de toute espèce qu'il est chargé de confectionner, aux mouvements divers que ces outils exécuteront, enfin, à la figure des objets que ces outils serviront à produire ou à détruire. Par ce moyen, le taillandier n'exécutera point d'une manière purement machinale les outils qui lui seront commandés; il apprendra lui-même à les perfectionner; il les adaptera mieux à la destination qui leur est propre.

Le *taraudeur*, qui fabrique des vis, des spirales de toute espèce, est un ouvrier de précision, dont les méthodes sont nécessairement toutes géométriques.

Le *terrassier*, soit qu'il exécute de simples fossés rectilignes ou curvilignes, soit qu'il exécute, comme le *sapeur*, des tranchées pour un camp ou pour un siége, soit qu'il travaille aux déblais ou remblais que nécessitent les travaux des ponts et chaussées, du génie militaire et de l'architecture civile, doit être en état d'exécuter, non seulement le travail manuel de l'excavation et du transport de la terre, mais le tracé des terrassements dont il est chargé ; ce tracé nécessite des méthodes géométriques variées et précises.

Aussi, dans les régiments du génie militaire, a-t-on soin d'enseigner les éléments de géométrie aux sous-officiers des *sapeurs* et des *mineurs*. Il faudrait, à l'égard de ces régiments, présenter des observations analogues à celles que nous avons faites au sujet des régiments d'artillerie, et former des vœux pour que l'instruction géométrique et méchanique de ces corps devînt de plus en plus complète et plus appropriée à son objet. Nous avons, à cet égard, les mêmes sujets d'espérance que pour les régiments d'artillerie, et nous les fondons sur les voeux éclairés des inspecteurs-généraux de ces deux Armes savantes.

Dans les travaux des *ponts et chaussées*, les triangulations, les nivellements, les déblais et les remblais, et tous les travaux d'art, sont opérés ou dirigés, sous l'inspection des ingénieurs, par des *conducteurs* et des *piqueurs* qu'il serait à désirer de voir instruire dans les applications de la géométrie et de la méchanique, au sein d'une école spéciale. Une simple compagnie, celle qui projette le canal maritime de la Seine, présente un bel exemple dans ce genre d'instruction. Nous ne doutons pas que le corps savant des Ponts et Chaussées n'obtienne, pour ses piqueurs et ses conducteurs, l'institution d'un enseignement spécial : la science dont nous énumérons les besoins devra former la base de cet enseignement. Nous serons trop heureux, s'il nous est permis de penser que nos voeux, publiquement exprimés, peuvent hâter, de quelques instants, une création avantageuse pour l'état et bienfaisante pour une classe d'hommes utiles, pour une classe qui devient d'autant plus importante, que les travaux des ponts, des routes et des canaux, prennent en France une plus grande extension.

Le *tisserand* doit bien connaître la forme des pièces du métier qu'il emploie, le moyen d'ourdir les fils de sa chaîne, l'effet des peignes et des ensouples sur les fils, et beaucoup d'autres données géométriques fournies par les combinaisons particulières à chaque espèce de tissus. Il faut des connaissances d'un ordre plus relevé et plus étendu, pour confectionner les métiers mêmes qui servent à fabriquer les tissus. Plusieurs de ces métiers, destinés à fabriquer les étoffes les plus précieuses, doivent avoir une perfection comparable à celle des instruments de précision exécutés par des arts purement mathématiques.

Le *tonnelier* fabrique des figures de révolution, par des procédés qui souvent sont très-inexacts. On a fait une utile application de la science de l'étendue, au moyen de tailler chaque partie des tonneaux par un mouvement régulier; il serait à désirer que ce moyen fût plus généralement pratiqué.

Je place encore le *vannier* parmi les artisans qui confectionnent des produits géométriques, c'est-à-dire, dont la forme régulière est l'objet principal. On pourrait exécuter beaucoup de travaux du vannier avec des métiers dont la géométrie donnerait les formes et les dimensions.

Le *ventilateur* se propose de combiner des

surfaces prismatiques, cylindriques ou de révolution, de manière qu'elles présentent, à l'air atmosphérique, des canaux dont la direction et l'étendue produisent, à la fois, l'écoulement facile et le prompt renouvellement de cet air.

Le *verrier* exécute un grand nombre de formes géométriques, circulaires, elliptiques, ovales, cylindriques, coniques, sphériques, etc. Les méthodes qu'il emploie, souvent ingénieuses, peuvent emprunter à la science de l'étendue, des perfectionnements nouveaux, et variés comme les figures des objets que doit produire cette branche d'industrie.

Le *vitrier*, surtout dans le système des vitraux gothiques, a besoin de connaître beaucoup de figures de géométrie, et les moyens de les tailler exactement avec sa pointe de diamant.

Le *voilier* doit calculer la longueur des différentes laizes de toile, dont l'ensemble formera la surface de chaque voile, d'après un tracé que lui remet l'ingénieur constructeur.

Je viens d'énumérer cent trente-quatre professions dont chacune emprunte à la géométrie quelques vues, quelques tracés, quelques moyens d'exécution et de conception. J'en aurais cité quarante autres, si le temps que je puis consacrer à cette séance me l'eût permis. Pour beaucoup de ces arts, vous avez vu que si, jusqu'à ce jour, les applications de la géométrie sont encore très-bornées, le véritable moyen de donner à ces mêmes arts un plus grand développement, une perfection nouvelle, c'est d'imaginer une application nouvelle aussi, de la géométrie, à ces branches de notre industrie. Si vous réfléchissez sur le grand nombre de métiers qui sont professés, non seulement dans les cités qu'on appelle, par excellence, manufacturières, et qui souvent doivent ce nom à deux ou trois arts dans lesquels chacune excelle; mais dans les autres cités, vous verrez que *toutes les villes, sans exception, possèdent un grand nombre de professions auxquelles la géométrie peut être utile; vous verrez que plus l'industrie d'une cité se trouve encore dans l'enfance, plus elle a d'intérêt à demander les secours de la géométrie et de la méchanique, pour accélérer les progrès d'une industrie trop tardive, et se hâter d'entrer en lice et de marcher de pair avec les cités les plus industrieuses.*

Si l'on prenait le total des individus qui se livrent aux diverses professions que je viens d'énumérer, on trouverait que, sur trente millions de personnes que contient la France et parmi lesquelles il en faut compter au moins vingt millions des deux sexes, qui se livrent à des travaux utiles, seize à dix-huit millions ont un besoin journalier de quelques méthodes géométriques. Sans doute, il serait absurde de prétendre que ces seize millions de personnes doivent toutes acquérir des connaissances très-étendues soit en géométrie, soit en méchanique. Mais il serait avantageux pour chacune d'elles d'en avoir des notions un peu moins bornées, et surtout un peu moins fausses. Il faut que chacune tende à reculer, à rectifier par degrés les limites de ses connaissances. Nous sommes loin de l'époque où l'on pourrait trouver qu'un trop grand nombre d'hommes laborieux sont éclairés par le flambeau de la science. Si, des seize millions de personnes auxquelles la géométrie est appelée à rendre quelques services, seize mille seulement faisaient une étude sérieuse de cette science, ce ne serait encore qu'un individu pour mille, que dix individus par ville de dix mille âmes; et pourtant ce serait déjà beaucoup, en comparaison du petit nombre de personnes qui cultivent aujourd'hui deux sciences d'où peuvent découler, en leur faveur, tant de sources de prospérité.

Je n'étendrai pas plus loin des considérations auxquelles il vous est facile de suppléer. J'espère qu'à l'avenir, on ne mettra plus en doute la vaste utilité de la géométrie. On ne séparera point l'idée des services que cette science peut rendre aux arts méchaniques, de l'idée des services que ces mêmes arts reçoivent de la méchanique elle-même. Tel est l'objet que je m'étais proposé dans cette première séance, et que je pense avoir suffisamment rempli.

Messieurs, et j'ose dire mes amis, j'éprouve un grand bonheur à me trouver au milieu de vous; et les jours mêmes où je dois réclamer votre présence et votre assiduité, ajoutent à ma reconnaissance pour votre zèle, et pour l'honneur que vous me faites en suivant mes leçons.

Je prends en effet sur les heures d'un jour que vous partagez entre les plaisirs et le repos, entre les devoirs de la vie, les besoins de la conscience, et les préceptes du culte.

Cependant, messieurs, ne pensez pas qu'une étude de quelques heures, faite au milieu du jour réservé pour le repos, nuise aux effets réparateurs de ce repos même. C'est la force du corps qui seule a besoin de relâchement et d'inaction, à la fin de chaque semaine. Loin que la force de l'âme et de l'intelligence, arrive épuisée, au terme de ce période, vous reconnaîtrez, je l'espère, en suivant nos leçons, que cette force intellectuelle n'est pas fortifiée ni même entretenue par un exercice, suffisant et salutaire, dans vos travaux habituels. Loin d'être fatiguée, énervée, elle aurait besoin au contraire, d'un exercice plus constant et plus vigoureux; afin d'acquérir elle-même la constance et la vigueur par lesquelles notre esprit devient capable de ces conceptions qui font avancer l'industrie, qui sont la gloire des arts, qui produisent la prospérité des inventeurs, et l'opulence du pays.

Trouveriez-vous repoussante l'idée de vous voir enlever les instants que vous donneriez aux récréations, au plaisir, à la joie, pour les consacrer à des études qu'on regarde comme abstraites, épineuses et rebutantes? Détrompez-vous à cet égard, et pour l'étude de la géométrie, et pour l'étude de la méchanique, envisagées dans leurs applications aux arts.

Jeunes gens, étudiez d'abord la géométrie comme un moyen de rendre vos travaux plus faciles, plus rapides, et plus précis; comme un moyen de donner plus d'exactitude, non-seulement à l'ouvrage de vos mains, mais à l'ouvrage de vos pensées et de votre imagination. Ne craignez pas d'être rebutés par l'austérité, par l'ennui de cette étude. Bientôt, vous prendrez plaisir à connaître ces vérités simples et générales, toujours les mêmes et toujours également fécondes, également puissantes.

Aux jours de fête, quand vos travaux sont finis, vous mettez votre jouissance à quitter vos ateliers, pour aller parcourir nos superbes jardins publics, et nos palais, et nos musées; vous trouvez une satisfaction vive, digne d'un peuple civilisé, à juger du produit des chefs-d'œuvre de tous les arts, d'après vos connaissances dans votre profession particulière. Eh bien! la géométrie vous donnera de semblables plaisirs, et de plus nobles encore; elle vous fera souvent passer en idée, de vos ateliers, dans les jardins, dans les palais, dans les musées de la nature; elle vous montrera des lois de l'univers, avec la même aisance et la même exactitude, qu'elle vous aura démontré des pratiques de l'industrie.

En voulez-vous un exmple? Quand les hommes qui se vouent à de modestes professions, quand le ferblantier, le plombier, le chaudronnier, le tourneur auront taillé de biais les cylindres et les cônes façonnés avec leurs outils; quand ils auront vu, dans ces tailles, la courbe que le jardinier trace avec ses piquets et ses cordeaux; et quand je leur dirai : cette courbe, supposez qu'elle ait pour longueur 200,000,000 de lieues; remplacez un des piquets du jardinier par une sphère éternellement lumineuse, par un soleil 1,328,460 fois plus gros que la terre; enfin la terre elle-même, faites-la marcher sur cette courbe, faites-lui parcourir 23 mille lieues par heure, et représentez-vous la force immense qu'il a fallu pour imprimer de pareils mouvements à ces énormes globes. Alors vous prendrez une idée juste de la grandeur qu'a notre système solaire, des masses prodigieuses qui le composent, et de l'ordre si simple, si beau, et j'oserai dire, si divin, des mouvements éternels qui en règlent les phénomènes. Cette idée, que vous aurez acquise en peu de minutes, des peuples policés, illustres par les œuvres de leurs arts, ont cultivé les sciences, durant des siècles, sans pouvoir s'élever aux mêmes connaissances.

Les Grecs, par exemple, avec tout leur génie, n'ont jamais eu la moindre idée de la grandeur des astres et de l'étendue des espaces qu'ils parcourent. Avec un calcul bien simple, en partant des nombres que nous venons d'indiquer, vous comparerez aux forces du système du monde, les forces dont nous pouvons disposer sur la terre, la force du cheval, par exemple, traînant une voiture sur une route horizontale. Vous verrez que pour produire une quantité de mouvement comparable à celle du simple mouvement de la terre autour du soleil, il faudrait attacher au char de la terre plus de dix milliards d'attelages ayant chacun dix milliards de chevaux. Pour faire parcourir au soleil le même espace qu'à la terre, dans un même temps, il faudrait 1,328,460 attelages de dix milliards multipliés par dix milliards de chevaux. Les Grecs, que je vous ai cités, avaient des idées plus simples à cet égard, ils faisaient aussi traîner par des chevaux le char du soleil, et ils en mettaient quatre, avec un dieu pour cocher.

Ainsi, de nos jours, avec des moyens bien simples, des démonstrations bien aisées et des calculs élémentaires, on peut faire comprendre aux artisans de toutes les professions, ces vérités scientifiques et ces secrets du système du monde, que les philosophes de l'antiquité, les plus illustres par leur génie, ont cherché sans pouvoir les découvrir. Enrichir les esprits de tout un peuple par ces trésors de la science moderne, sans sortir du cercle d'études qui convient aux progrès, à l'exercice des plus simples travaux manuels, n'est-ce pas élever ce peuple même au-dessus de tous ceux qui l'ont devancé dans l'admirable carrière de la civilisation !...

Ou je me trompe, ou des rapprochements pareils auront pour l'esprit des ouvriers un noble et généreux plaisir, plus pur, plus vif même que la contemplation des édifices, des tableaux et des statues, chefs-d'œuvre de nos grands artistes. Quand les hommes de l'industrie viendront à comparer la force du bras le plus robuste, à la force qu'il faut pour mouvoir la terre, le soleil et les planètes, les satellites et les comètes, ils comprendront qu'une intelligence supérieure, immortelle, infinie, veille à la géométrie du monde, et règle par les lois d'une science immuable les formes et les mouvements de l'univers. Qui pourrait douter des heureux fruits de ces conceptions, sur les mœurs, sur la modestie, sur la sagesse religieuse de l'humble ouvrier.

En indiquant de semblables analogies, en soulevant ainsi quelques voiles qui dérobent à l'ignorance, l'ordre général du monde, et la majesté de la création, peut-être j'éveillerai dans quelque tête puissante, un génie qui s'ignorait lui-même. Alors j'aurai fait présent à notre pays, d'un talent supérieur; et je pourrai me dire, avec l'orgueil d'un maître pour son élève : « J'ai du moins produit un ouvrage qui vivra dans la postérité. »

Mon but n'est pas, dans mes leçons, de me perdre en spéculations vaines, en abstractions stériles, ni de vous offrir une théorie qui reste inapplicable à vos travaux. J'entreprends de vous offrir une suite d'observations, de principes et de méthodes qui vous éclaireront, qui vous dirigeront dans l'emploi de votre force intellectuelle, pour faire produire de plus grands résultats à votre force physique. Réduits à cette dernière force, que seriez-vous en présence des forces brutes de la nature? Comment pourriez-vous soutenir la lutte, quand on mettrait le prix de cette force, en concurrence avec le prix de la force de l'eau, du vent, du feu; de ces actions immenses qui ne connaissent ni l'enfance, ni la vieillesse, ni l'infirmité, ni la maladie, ni la décrépitude? Vous seriez vaincus dans cette lutte cruelle; et la misère vous envahirait de toutes parts, malgré votre courage et votre activité.

Mais vous avez pour vous ce que n'ont pas les forces du feu, de l'air et de l'eau; la puissance intellectuelle! L'industrie même ne saurait adapter à ses travaux les forces brutes de la nature, sans les modifier, les régler, les diriger par votre intelligence. C'est elle, c'est l'intelligence, elle seule, qui vous rend supérieurs, qui vous rend indispensables dans l'industrie. Tout travail où vous n'emploierez que votre force matérielle, si bornée et si précaire, vous sera par degrés enlevé; c'est le progrès inévitable de nos arts. Et déjà nous voyons s'opérer, avec une rapidité remarquable, ce grand changement industriel.

Autrefois, il y avait dans Paris un nombre immense de porte-faix. Seuls, ils effectuaient la plupart des transports d'objets d'un fort ou d'un faible volume et de quelque valeur. Maintenant, ils perdent cet emploi, et chaque jour leur nombre diminue. Des voitures suspendues exécutent les déménagements. Des diligences régulières, petite poste nouvelle, transportent dans tous les quartiers, les paquets que les porte-faix et les commissionnaires transportaient naguère exclusivement. L'eau nécessaire à nos habitations, jadis fournie par des porteurs d'eau, l'est en grande partie par des voitures chargées d'un tonneau; ces tonneaux, jadis tirés par des hommes de peine, le sont presque tous par des chevaux; enfin, l'eau que les porteurs montent encore, si péniblement, aux étages élevés de nos plus hautes maisons, sera bientôt fournie par des tuyaux de conduite : ainsi, la force de la pesanteur achèvera de remplacer la force musculaire du porteur.

Mais, va-t-on demander avec inquiétude, ces porte-faix, ces commissionnaires, ces porteurs d'eau, privés de travail physique, que sont-ils devenus! Eux et leur famille, dénués d'emploi, sont-ils morts de besoin? Est-ce là le bienfait de l'industrie, et ses progrès sont-ils un fléau de l'humanité!...

Certes, si je n'avais rien de consolant pour répondre à ces graves questions, je n'y répondrais qu'en vous disant : Proscrivons l'emploi de la force des animaux et des forces de la nature; renonçons aux machines, et brisons les métiers.

Cependant, vous voyez moins que jamais, dans Paris, ces malheureux hommes de peine qui font l'office de bêtes de trait ou de bêtes de homme ; la méchanique envahit par degrés rapides leur affligeante profession; et, pourtant, aucun de ces hommes n'est réduit à la misère. Malgré les progrès des applications de la géométrie et de la méchanique aux arts et métiers, ou plutôt par l'heureux effet de cette application, *vous chercheriez vainement, dans Paris, un homme fort et bien portant, réduit à demander l'aumône.* Au contraire, les progrès salutaires de l'industrie ont donné des moyens d'existence et de bien-être, plus assurés et plus doux, à tous les forts qu'elle a fait passer, du coin des rues et des places, dans le sein des ateliers et des manufactures.

Remarquez avec moi cet admirable phénomène de l'industrie!....

La privation même de l'occupation brute des forces matérielles de l'homme, devient pour lui, dans ses travaux, un objet de bonheur et d'ennoblissement. L'industrie force l'homme de peine, à ne plus être simplement un moteur sans intellect; elle l'oblige à rentrer dans la voie de sa vraie destinée, à reprendre l'usage de ses facultés morales, pour s'en former des armes défensives contre l'envahissement des forces brutes. Ouvriers ! c'est l'industrie qui vous rappelle, avec la voix terrible de la nécessité et du besoin, à la dignité de l'espèce humaine, à tout l'emploi de vos facultés pensantes, à tout l'usage de votre jugement, de votre mémoire et de votre imagination.

Voilà des facultés que n'acquerront jamais les machines et les animaux les plus ingénieux.

Ne craignez pas les envahissements de la méchanique, aussi long-temps que vous cultiverez votre intelligence. Au contraire, désirez, secondez ses progrès; car ils contribueront à votre bien-être, et j'ose dire à votre affranchissement. L'homme de peine, le tourneur de meule, le porte-faix, le porteur d'eau, le traîneur de fardeau, sont esclaves de leur labeur; et leur triste vie s'écoule dans l'abrutissement d'une occupation indigne d'un être pensant.

Mais l'ouvrier qui professe un art où la raison dirige nos efforts corporels, où l'expérience, où la combinaison, où l'invention, deviennent des éléments nécessaires, cet ouvrier soulage la fatigue de son labeur par l'adresse de ses moyens d'exécution; il économise à chaque instant, sur sa force physique, par le bienfait de sa force intellectuelle. C'est alors qu'il exécute des opérations avec un à-propos, un ensemble et des intentions que les machines les plus parfaites et les plus variées, ne pourront jamais égaler.

Apercevez donc, dans sa dignité, son étendue, sa prospérité, la carrière nouvelle que le progrès de l'industrie présente à votre espérance. Des arts aujourd'hui si considérés, si honorés, qu'on les décore du nom spécial d'*arts libéraux*, n'étaient, autrefois, que de simples métiers, et ceux qui les professent n'étaient que d'humbles artisans. Les chirurgiens ont commencé par n'être que des baigneurs-étuvistes; les pharmaciens n'étaient d'abord que cette espèce de pompiers si joyeusement plaisantée par Molière; les ingénieurs de vaisseaux n'étaient que des charpentiers de marine; les architectes n'étaient que des maçons. Mais, depuis que ces artistes ont cultivé soigneusement leurs facultés intellectuelles, depuis qu'ils ont appliqué les efforts de leur jugement, de leur mémoire et de leur imagination, à recueillir, à conserver des connaissances précieuses, ils ont pris un rang élevé dans l'ordre social; ils ont acquis une existence honorée, aisée, souvent même opulente; et cela, par le triomphe de la force intellectuelle sur la force purement physique.

Eh bien! messieurs, ce progrès si remarquable, si utile pour la société, si avantageux pour les classes d'artistes qui l'ont produit; ce progrès peut s'étendre, par degrés, à beaucoup d'autres professions. Des métiers, qui resteront métiers, tant qu'on en tiendra séparé l'exercice des facultés variées et puissantes de notre esprit, deviendront des arts, des arts libéraux, des beaux-arts, aussitôt que des hommes habiles, vrais bienfaiteurs de l'industrie, y porteront la puissance de leur esprit et les trésors de leur instruction.

Il y a donc une amélioration immense, universelle, à produire dans les innombrables branches de l'industrie humaine : même chez les peuples où cette industrie a déjà fait le plus de progrès.

Cette amélioration qui doit s'exercer sur l'homme, sur l'ouvrier comme sur le chef d'atelier et de manufacture, est toute à l'avantage de l'homme ; et, certes, je la place bien au-dessus du perfectionnement des machines et des outils.

Daignez seconder mon zèle pour l'amélioration même de votre sort. Travaillons de concert à vous élever au-dessus de vous-mêmes, à vous affranchir de la pénible servitude du travail purement animal, pour y substituer le travail vraiment humain, c'est-à-dire, le travail éclairé par la raison. En cultivant surtout en vous la faculté la plus précieuse que vous a donnée le créateur de toutes choses, il nous semble que nous obéissons aux directions impérieuses de ses suprêmes volontés; et cette pensée redouble notre dévouement. L'homme est le chef-d'œuvre de la création, et l'harmonie d'un grand peuple, est le plus beau résultat de la création intelligente. Eh bien! cette œuvre sublime peut encore être rendue plus admirable, en appelant tout un peuple à la culture de ses facultés les plus précieuses, en l'appelant à connaître les lois, si simples, si constantes et si belles, qui régissent la nature et président à nos arts; car nos arts ne sont autre chose que des combinaisons ingénieuses, où nous faisons travailler la nature suivant ses propres lois.

Mais, diront quelques hommes à préjugés, puisqu'on veut améliorer ainsi la condition de toutes les classes de la société, puisqu'on veut faire disparaître les professions abrutissantes telles que celles des tourneurs de meule et des porteurs d'eau, des traîneurs de tonneaux et des porte-faix; puisqu'on veut donner, à chacun, les moyens de perfectionner son état, de se mieux nourrir, de se mieux loger, de se mieux vêtir, on veut donc qu'il n'y ait plus de peuple dans le pays? Oui, messieurs, on le veut; et moi, le premier, je fais les vœux les plus ardents pour qu'il n'y ait plus de peuple en France, si peuple et mendiants-ignares sont des mots regardés comme inséparables.

Un grand potentat visita l'Angleterre, il y a dix ans. Il vit partout, sur son passage, des masses prodigieuses d'hommes, de femmes et d'enfants, dont le visage avait l'aspect de la santé, dont l'attitude avait cette dignité qu'inspire le bien-être conquis par le travail, et dont les vêtements étaient tous propres et décents. Il demanda plusieurs fois, avec inquiétude; mais où donc est le peuple d'Angleterre? A cette époque, il ne comprenait pas un peuple sans haillons, des campagnes sans mendiants, des cités sans lazaronis, et des castes sans Parias. Il le comprit ensuite, et rendit hommage aux bienfaits de l'industrie. Il protégea puissamment, dans ses domaines, la culture des arts utiles; et l'affranchissement des serfs a commencé, avec l'instruction du peuple, dans ses vastes états : c'est la gloire de son règne.

Aujourd'hui les nations les plus avancées comprennent, comme le souverain que je viens de citer, les grandes destinées de l'humanité. Quelques-unes ont pris les devants dans cette marche. L'Angleterre et l'Écosse sont entrées les premières dans la lice. Il s'agira de savoir si la nation française voudra rester en arrière, et se voir vaincue dans la paix, après avoir tant de fois triomphé dans la guerre?....

Dans cette lutte nouvelle, où nous appelons votre constance et votre courage, vous serez, que dis-je, vous êtes déjà dignement secondés par de généreux citoyens et par l'autorité publique.

J'ai prié nos grands manufacturiers, nos

grands artistes, d'honorer par leur présence l'ouverture d'un cours qui vous est destiné. Je me suis adressé à ces hommes qui, dans la capitale du royaume, sont l'élite de notre industrie nationale. J'ai pris la liste de ceux qui, par leurs inventions et leurs perfectionnements dans les arts, ont mérité de recevoir au pied du trône, des médailles, décernées par la main du monarque. Je les ai tous appelés, au nom de leur amour pour le pays, et j'ai souhaité vivement faire paraître devant vous *cette légion-d'honneur de l'industrie*, pour que chacun de vous eût sous les yeux, dans sa profession spéciale, un digne modèle de talent, un juste objet de haute émulation. Messieurs les ouvriers, vos chefs et vos protecteurs vous montrent par leur présence, combien ils s'estimeront heureux de vous voir marcher sur leurs traces, servir comme eux l'industrie par des chefs-d'œuvre nouveaux, et comme eux obtenir, des mains mêmes du prince, un honneur qui rejaillira sur ceux qui vous suivront à leur tour dans la carrière.

Loin de voir, comme les maîtres d'autrefois, dans les apprentifs et dans les compagnons, des êtres inférieurs qui n'acquéraient qu'à prix d'or le droit d'être maîtres à leur tour, les maîtres d'aujourd'hui voient en vous des émules faits pour devenir leurs égaux, sans achat et sans protections, aussitôt que votre talent vous élèvera jusqu'à eux. Quand vous aurez aussi des ateliers et des subordonnés, rappelez-vous ces généreux sentiments qu'ont eus pour vous vos devanciers, et conservez les mêmes sentiments à l'égard de vos successeurs.

Paris n'est pas la seule ville où les hommes éminents de l'industrie se montrent les pères des ouvriers, et les protecteurs de votre instruction nouvelle. Je pourrais vous citer déjà les dignes membres qui composent les chambres de commerce du Hâvre, d'Amiens et de plusieurs autres villes.

Permettez-moi d'interrompre mon discours afin de vous lire l'extrait d'une lettre que j'ai reçue, il y a deux heures, du bienfaisant et célèbre possesseur de l'établissement industriel de Liancourt.

« Je viens d'établir chez moi, une petite école où tous les soirs on enseigne l'application de la géométrie et de la méchanique. Deux élèves de l'école de Châlons, devenus contremaîtres et directeurs dans mes ateliers, dirigent cette institution, et les connaissances qu'ils ont acquises à l'école des Arts et Métiers, les rendent très-propres à cette fonction.

» Jusqu'ici, j'ai borné à huit le nombre des élèves qui suivent ce cours, et qui sont des ouvriers de mes manufactures, ou les ouvriers de la commune : menuisiers, maçons, charpentiers, serruriers, tous bien instruits dans les règles de l'arithmétique, et également intelligents. J'ai borné cette classe à un aussi petit nombre d'écoliers, pour exciter d'autant plus, dans la commune, le désir d'être admis à cette école, pour laquelle plus de vingt aspirants se sont présentés. Depuis trois semaines que cette école est établie, les progrès y sont très-sensibles, et le zèle très-ardent.

» J'ai l'honneur, etc.

» *Signé*, le duc de la ROCHEFOUCAULD. »

Dans le désir que j'avais publiquement exprimé de voir nos grands manufacturiers établir au sein de leurs fabriques, des écoles particulières de géométrie et de méchanique appliquées aux arts, j'avais craint, je l'avouerai, de voir les Français devancés, sur leur propre sol, par des Anglais établis à Charenton. Mais il n'est pas aisé, messieurs, de devancer ainsi dans le foyer de la patrie, nos meilleurs concitoyens; et les Anglais, quelle que soit leur ardeur philanthropique, pourront se presser désormais autant qu'ils le voudront; ils n'arriveront qu'en seconde ligne.

Il était digne de l'illustre citoyen qui a fait présent de la vaccine à la France, et des écoles d'Angers et de Châlons à l'industrie, d'instituer le premier de tous, à ses dépens, une école industrielle, spéciale et privée. Nos grands manufacturiers comprendront, j'en suis sûr, les devoirs d'un pareil exemple, qui leur est donné par un citoyen qui n'a de grand, après ou plutôt avant son nom, que son cœur et sa vertu. Les millionnaires, sans doute, ne feront pas moins pour leurs vastes établissements qui comptent des milliers d'ouvriers, que le duc de La Rochefoucauld n'a fait pour ses ateliers de Liancourt.

Les nombreux et riches fabricants de Louviers, de Sédan, d'Elbeuf, de Saint-Quentin, de Rheims, de Troyes, de Tarare, de Nismes, de Lodève, de Laval, et de vingt autres villes opulentes, actives, industrieuses, ne voudront pas moins faire aussi pour ces villes florissantes, que le seul La Rochefoucauld n'a fait pour le hameau de Liancourt.

Et si des villes de quarante à soixante mille âmes, comme Lille, Orléans et Strasbourg, hésitent encore, je me contenterai de leur citer le hameau de Liancourt et le duc de La Rochefoucauld.

Le département de l'Aisne jouirait déjà d'un semblable bienfait, si ce département eût pu revoir son illustre mandataire; il m'avait promis cette belle action, et se faisait un plaisir généreux d'aplanir toutes les difficultés, pour instituer un enseignement industriel de Géométrie et de Méchanique, à Saint-Quentin. Je suis persuadé que les fabricants de cette ville s'empresseront d'accomplir le dernier vœu d'un grand citoyen.

Ainsi la pensée, la mémoire et l'exemple des hommes illustres, deviennent le germe des bienfaits réservés à l'avenir, et préparent, même après qu'ils ne sont plus, la continuité de leurs actions généreuses.

Hâtons-nous, maintenant, de parler des services rendus par l'autorité publique, pour favoriser l'enseignement de la classe ouvrière.

Je laisse à d'autres hommes le soin d'être panégyristes pour le vain plaisir ou le lâche profit de louer la force, et de flatter le pouvoir. Mais je rougirais de rencontrer dans ma carrière un grand bienfait public, sans le saluer aussitôt de ma voix reconnaissante. Ainsi l'ai-je fait, quand, pour la première fois, je dus parler dans cet amphithéâtre : quoique l'auteur de ce monument honorable eût perdu la faveur du prince et l'autorité ministérielle (1).

Aujourd'hui, Son Excellence le ministre de l'intérieur, non contente de voir professer, dans

---

(1) M. le duc de Cazes, instituteur des trois cours de méchanique, de chimie et d'économie appliquées ax arts.

la capitale, la géométrie et la méchanique appliquées aux arts et métiers, pénétrée de l'importance d'un pareil enseignement pour toutes les villes du royaume, a fait connaître aux magistrats des départements, qu'elle seconderait, de tous ses vœux, l'institution municipale de chaires consacrées à cet enseignement.

L'université de France, jalouse d'ajouter son bienfait spécial à l'enseignement de la classe ouvrière, se complaît à faire la remise des rétributions que lui doit tout instituteur, en faveur des maîtres particuliers qui professeront *aux ouvriers* l'application de la géométrie et de la méchanique : application considérée comme un complément d'apprentissage. J'ajouterai que cette faveur est due à l'intervention libérale d'un membre de l'Institut, d'un savant conseiller de l'Université, M. Poisson, dont la juste célébrité repose sur des découvertes et des applications de méchanique et de géométrie. Honorons les hommes qui, devant leur élévation à leurs veilles, à leur génie, s'en souviennent ainsi, dans le sein des honneurs et de la prospérité. Ils donnent un double mérite à leurs travaux, à leur fortune, à leur illustration.

Son Excellence le ministre de la marine et des colonies, désirant contribuer aux progrès des arts industriels, dans nos ports de mer, marchands, ou militaires, a donné l'ordre général, à MM. les professeurs d'hydrographie, de professer, deux fois par semaine, le *soir*, *à l'heure où ferment les ateliers*, le cours de géométrie et de méchanique appliquées aux arts, tel qu'il est enseigné dans le Conservatoire de Paris.

Ainsi, par ce seul acte, qui consacre le nom de M. le comte de Chabrol, parmi les noms des plus grands bienfaiteurs dont l'industrie française puisse garder et chérir la mémoire, quarante-cinq ports de mer reçoivent à la fois, en faveur de la classe ouvrière, un enseignement gratuit; et, parmi ces ports, nous comptons avec orgueil, des villes telles que Marseille, Bordeaux, Rouen, Nantes, Le Hâvre, Caen, Dunkerque, Bayonne, La Rochelle, Brest, Toulon, Rochefort, Lorient, Cherbourg, etc.

Dans ces ports, les autorités civiles et militaires ont à l'envi concouru pour donner au bienfait du ministre de la marine, toute son efficacité.

Les amiraux, les commandants de la marine, les intendants, les commissaires généraux et ordonnateurs, et les commissaires des classes, ont sollicité, ont secondé MM. les maires, les sous-préfets et les préfets. Ils ont rivalisé de zèle et d'émulation, avec ces fonctionnaires, afin de procurer, dans leurs ports respectifs, tous les moyens que pouvait réclamer le professeur : un vaste local, le chauffage, l'éclairage, etc.

Remarquez, messieurs, par quel admirable concert d'un grand nombre d'hommes en pouvoir, le nouvel enseignement s'est propagé. Le corps entier de la marine, l'artillerie, le génie militaire, les ponts et chaussées et les mines; tous ces corps savants ont payé noblement leur tribut. Parmi cinquante-neuf professeurs, vingt anciens élèves de l'école polytechnique, vrais disciples de l'illustre Monge, vont répandre, chez la classe industrielle, les lumières qu'ils ont reçues du génie de leur maître.

Tandis que tant d'efforts se préparaient, se développaient sur notre sol, l'ambassadeur de France à Londres, le prince de Polignac, animé d'un généreux motif, rendait compte au ministère, des résultats de l'expérience sur les essais nombreux tentés dans le même genre, avec un admirable succès, dans la Grande-Bretagne. Ainsi le gouvernement acquérait une donnée sûre, positive, et pleinement satisfaisante, relativement aux conséquences de toute espèce qu'il pouvait espérer du nouvel enseignement.

Monsieur le Dauphin, cherchant dans son cœur d'autres résultats d'expérience et de bonté, s'est prononcé, dès le premier abord, en faveur d'un enseignement utile à la classe ouvrière. Il a senti qu'une population qui le contemple auprès du trône, ne doit, en aucun genre, descendre au second rang, dans le parallèle avec les populations étrangères; et son âme s'est émue vivement au tableau d'un bien-être nouveau qu'on peut répandre sur de nombreux Français.

Ainsi, grâces à l'heureux concours des hommes et des circonstances, nous n'avons point à craindre que l'enseignement nouveau fasse nulle part ombrage à l'autorité. Il n'est point né dans un temps de trouble et de discorde ; il ne peut être ni un emblème, ni une espérance, ni un signe de ralliement pour l'esprit d'hostilité; il est un simple résultat de l'esprit d'utilité. Il n'est pas moins propre aux hommes d'un âge mûr, qu'aux adolescents; il est exigé, commandé par l'époque où nous vivons, pour assurer le progrès de nos arts, et pour nous permettre de soutenir dignement la lutte contre l'étranger, qui s'imagine pouvoir aisément devancer en instruction et en lumières, la population française! Non, messieurs, nous ne souffrirons pas que l'étranger remporte sur nous cette humiliante victoire. La patrie des Descartes, des Pascal, des Dalembert, des Monge, des Legendre et des La Place, la patrie des Vauban, des Borda, des Coulomb, des Montgolfier, des Riquet, des Vaucanson, des

Bréguet et des Prony, ne veut céder à nulle autre contrée, ni la palme théorique de la géométrie, ni la palme pratique de la science appliquée et rendue populaire. La pensée de ces puissants génies, élèvera notre courage; elle nous donnera la force de soutenir une lutte difficile, et les moyens d'en sortir triomphants.

Vous le voyez, Messieurs, il suffit, en France, de présenter une idée utile au bien public, utile aux plus humbles citoyens; quelque faible que soit la voix qui fait entendre cette idée, aussitôt, depuis les marches du trône, jusqu'à la moindre mairie, de toutes parts, des magistrats, des officiers, des citoyens généreux réunissent leurs efforts pour seconder le projet utile; et l'on peut répéter avec orgueil pour la patrie, ces nobles paroles, qui, du sanctuaire de nos lois, ont retenti dans tous les cœurs magnanimes, ces paroles d'un ami, d'un immortel orateur que le royaume vient de perdre : « Il y a de l'écho, en France, chaque fois qu'on y fait entendre la voix du bien public et de l'honneur ! »

FIN.

LISTE DES ARTS ET MÉTIERS

ET

DES BEAUX-ARTS

ÉNUMÉRÉS DANS LE TABLEAU.

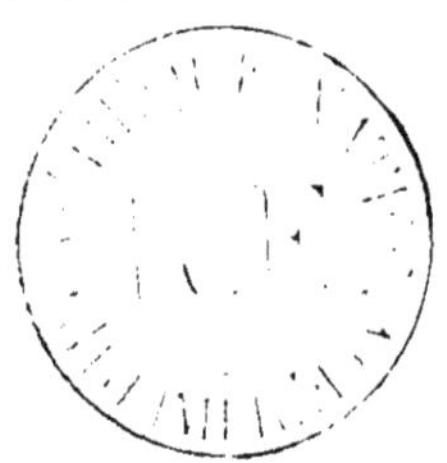

www.ingramcontent.com/pod-product-compliance
Ingram Content Group UK Ltd.
Pitfield, Milton Keynes, MK11 3LW, UK
UKHW021100260726
13994UKWH00002B/623